AF599624

FRANCESCA
GRAZIOLI

Capitalismo carnívoro

ENSAYO 49

Questo libro è stato tradotto grazie a un contributo del
Ministero degli Affari Esteri e della Cooperazione italiano

Este libro ha sido traducido gracias a la ayuda a la traducción del
Ministerio de Asuntos Exteriores y de la Cooperación italiano

FRANCESCA
GRAZIOLI

Capitalismo carnívoro

A mi padre Marco,
a mi madre Magdalena,
a mi hermana Maria Giulia,
y a los que vendrán

PRÓLOGO: APERITIVO CLANDESTINO

Ya la has probado. ¿No te basta con eso? ¿Qué puedes conseguir que sea algo más que una degustación? Es todo lo que recibimos en la vida, es todo lo que recibimos de la vida. Una degustación. Eso es todo lo que hay.

PHILIP ROTH

Cocina típica

El espectáculo que tenemos ante nosotros no se parece a nada que encaje con la definición de relajante. En el descampado, una solitaria cabaña de chapa se yergue entre montones de basura, esqueletos de bolsas de plástico que ondean al viento, como fósiles que aún no han sido desenterrados del todo. Un par de perros dorados duermen a la sombra, sin reparar en nosotros; y la cabaña parece sostenida por un compuesto alquitranado de esmog y polvo, más que por los alambres de hierro oxidado entre las chapas onduladas.

A mi lado tengo a Bernardo Contri, que mira a su alrededor con incredulidad. Unos años más tarde se convertirá en uno de los mayores expertos en los mercados del sudeste asiático, pero en este momento, codo con codo, es solo un muchacho de veinte años. Para ambos es nuestra primera experiencia laboral, ninguno de los dos puede entender aún cómo hemos acabado aquí, donde todo tiene una potencia como la de un puñetazo en el estómago o la del primer beso.

Calcuta, «la ciudad sin límites donde todo dolor y malestar humano toca el extremo, y la vida se desarrolla como una danza fúnebre», escribió Pier Paolo Pasolini en *El olor de la India.* Pero soy incapaz de lanzarme a ningún lirismo; desde que llegué, me muevo en un estado de perpetua confusión y exaltación, provocado por la nueva realidad a la que me he visto catapultada. Todo exige una alerta constante de los sentidos. Acostumbrados a un mundo más tibio, Bernardo y yo estamos deslumbrados por la vida que fluye aquí, nos movemos como niños que han vivido en un edificio silencioso y que por fin van más allá de sus muros y se ven envueltos por el caos bullicioso del mundo exterior.

Pero ahora nos encontramos en una zona desierta, donde hemos perdido cualquier referencia, gracias a la extraña voluntad de nuestro líder, Alim, un chico bengalí de unos treinta años, que nos escolta de pueblo en pueblo para entrevistar a las cooperativas de mujeres campesinas. Ya no encontramos nada exótico ni aventurero, sobre todo después de que el conductor se haya desvanecido como un rayo de luz en la superficie del agua en el preciso instante en que hemos puesto un pie en el suelo.

Desde la oscuridad de la entrada de la casucha aparece la mano llena de cicatrices de un hombre marcado por el paso del tiempo y vestido con una simple tela alrededor de la cintura y unas chancletas de plástico al menos dos tallas más grandes. Nos escudriña con aspereza y nos hace señas para que entremos rápidamente, y nos encierra en la oscuridad.

Nos lleva hasta una mesa desportillada, espantando enjambres de moscas con una mano, mientras con la otra frota un trapo viejo y grasiento sobre la superficie de aquella. Nos sentamos en taburetes renqueantes, con los ojos llenos de lágrimas por el humo que nos pica en la garganta hasta explotar como mil agujas en los pulmones. Tardamos unos minutos en acostumbrarnos, y mientras tanto agradezco que Alim no entienda los improperios en dialecto paduano que Bernardo pronuncia entre golpe y golpe de tos.

El viejo va y viene entre nuestra mesa y una puertecilla cubierta con unas gruesas cortinas de plástico blanco que anuncian su entrada con un siseo parecido al de una serpiente de cascabel. Enciende un decrépito televisor que parece surgir de la nada, como de la nada aparece una segunda mesa al otro lado de la habitación, que ahora vibra con los haces de luz azul de la pequeña pantalla. Sentados en las improvisadas banquetas, Bernardo y yo hemos perdido toda esperanza de comprender la situación. Alim, todavía impasible ante nuestras preguntas, mira fijamente al vacío, con un palillo que le ha aparecido quién sabe cómo en la comisura de los labios y con la misma sonrisa socarrona de un anfitrión que está a punto de enseñar un Picasso a sus invitados.

Las cortinas crujen, entra otro chico, también él con solo un trapo alrededor de la cintura, pero sin el incordio de las chancletas. Se acerca a nuestras manos e inclina una jarra de agua para que podamos lavárnoslas a medida que él vierte el chorro suavemente. Lavarse las manos: el gesto universal antes de cualquier comida civilizada. Nos quedamos incrédulos durante unos segundos y, mirándonos, nos echamos a reír pensando en lo idiotas que hemos sido. Hemos pasado al menos una hora agobiados por una simple invitación a comer.

Pero, sin siquiera darnos tiempo para que le preguntemos a Alim el motivo de este secretismo, el hombre, que ahora sabemos que es nuestro anfitrión, nos trae tres tazas humeantes, llenas de una espesa sopa de color caoba, en la que flotan trozos de carne irregulares. Añade un plato de arroz hervido y un puñado de lentejas con un poco de cúrcuma. Ya está, solo nos queda comer. Nos lanzamos con cautela a la degustación, ya que estamos en un lugar que no deja de ser una choza que se mantiene en pie por una mezcla de polución y polvo. Primer posible obstáculo: el picante. En este caso, y gracias a los muchos dioses locales que quizá me prefieran viva, el cosquilleo se resuelve en un toque de pimienta, suave y aceptable incluso por mi paladar inexperto. Los bocados de carne, en cambio, son más problemáticos. En primer lugar, no tenemos cuchillos, así que debemos llevárnoslos enteros a la boca. Parecen cuero y cada bocado requiere un tiempo infinito, la grasa es densa y se deshace en la boca sin gracia. Intento tragar la carne lo más rápido posible sin pensar demasiado; Bernardo, en cambio, está tranquilo y se lo traga todo sin pararse a analizar como un crítico gastronómico. Además, el entusiasmo de Alim es demasiado palpable como para no intentar, al menos, fingir gemidos de aprobación. Tanto es así que a mitad de la comida, cuando levantamos la cabeza de los cuencos, nos pregunta: «Entonces, ¿contentos? Os he traído hasta aquí porque estaba seguro de que empezabais a echar de menos vuestra cocina típica».

¿Nuestra cocina típica?

Si tengo que pensar en cocina típica italiana, o al menos si intento meterme en la cabeza de Alim, pensaría en pizza o en un plato de espaguetis con salsa de tomate. La salsa pegajosa y los toscos trozos de carne, junto con algunas astillas de hueso aún adheridas, no se parecen a la comida de los domingos de ninguna familia de la bella Italia.

Y añade: «En Italia sois como todos los demás, ¿no? Pensé que aquí estarías a gusto». Tragamos otro bocado, el último con la serenidad que da la ignorancia, y comprendemos. Cuando dice «los demás», Alim se refiere a «los occidentales». Y entre la infinidad de peculiaridades que pueden diferenciar a una persona del continente europeo de otra del subcontinente indio, Alim ha decidido que debe ser la cocina. Y en el centro de esta división culinaria entre regiones, nuestro líder se ha centrado en la engorrosa presencia de un animal valorado como alimento en una y adorado como deidad en la otra: la vaca.

Ese es el motivo por el que estamos en un lugar tan aislado. Por eso el conductor se escabulló en el momento exacto en que bajamos del coche. Este no es un antro cualquiera. Es una carnicería clandestina. Los trozos gomosos que comemos proceden del animal sagrado hindú, cuya matanza aún está severamente castigada en muchos estados. Nos hallamos sentados en territorio prohibido.

Dicha carne siempre ha sido la línea divisoria de identidad entre la casta vegetariana brahmánica y la casta de los intocables, a quienes se permitía nutrirse con ella en casos concretos, lo que los confirmaba en su impureza. Y a pesar del proceso de secularización que también ha afectado a la India, el cuerpo de este animal sigue siendo hoy el campo de batalla entre una política cada vez más nacionalista y la voluntad económica de entrar en el flujo internacional de capitales. Desde 2014, el primer ministro Narendra Modi se ha servido de dos importantes elementos para reforzar su poder. En primer lugar, para los asuntos exteriores, se erige en abanderado del yoga, descrito por él como «el mayor movimiento de masas del mundo».[1] Mientras, en cuanto a la política interior, defiende el carácter sagrado de la carne de vacuno.

Con la voluntad de crear un país en el que la comunidad hindú gane cada vez más poder y relevancia sobre las demás, el Gobierno está promulgando una serie de *beef bans,* prohibiciones contra el sacrificio y el consumo de dicha carne, reforzadas por una propaganda nacionalista y xenófoba. El poder legislativo encuentra su brazo práctico en la proliferación de patrullas de ciudadanos de a pie, los *gau rakshaks* (protectores de las vacas), hombres jóvenes a los que se les encomienda la sagrada tarea de vigilar el cumplimiento de las prohibiciones, fomentadas por una narrativa divisoria. Se traza un límite en virtud del cual un alimento en concreto se convierte en un muro infranqueable que separa un «nosotros» de un «ellos», los puros de los impuros, los fieles de los infieles. El objetivo es excluir de la etiqueta de «verdadero ciudadano indio» a quienes no observan restricciones religiosas o culturales hacia la sagrada madre, como las comunidades musulmanas, para quienes las palabras lanzadas en los mítines electorales conllevan efectos muy reales. Recientemente, se han multiplicado los actos de violencia y las represalias, los juicios sumarios y las ejecuciones públicas contra las minorías musulmanas en particular, acusadas de sacrificar y consumir carne de vaca. Sin embargo, predicar el poder unificador del yoga en el extranjero mientras se divide y se encienden antiguas rivalidades dentro de las propias fronteras no es la única paradoja. El Gobierno indio está invirtiendo, según todos los dictados de una economía moderna y neoliberal, en un sector de exportación muy prometedor, el de la carne de búfalo de agua, evidentemente hijo de un dios menor.[2]

Ahora bien, Alim, de origen bengalí y religión musulmana, vive la inobservancia de esta prohibición como uno de los elementos de distinción respecto a la mayoría hindú en la que está inmerso. Y como nosotros también estamos exentos de cumplir tal norma, ha elegido precisamente esta comida como punto de encuentro.

En muchos aspectos, estamos tan alejados como dos especies alienígenas, y sin embargo nos iguala el hecho de poder disfrutar de un guiso clandestino a base de carne de vacuno. No puedo evitar sentir una fuerte ternura y gratitud por su deferencia hacia nosotros, y me acabo la comida como si no tuviera nada que envidiarle a un bistec *alla fiorentina.* Bernardo se limita a enarcar una ceja y rápidamente hace desaparecer también las lentejas y el arroz, extendiendo la cuchara hacia mi cuenco cuando ve que freno por la saciedad. Unas horas más tarde, nuestros estómagos serán menos indulgentes, y nos lo harán pagar caro durante días, pero fue precisamente este almuerzo el que sembró la semilla de lo que me lleva hoy, diez años después, a escribir estas páginas.

No lo sabía entonces, pero Alim me había revelado sin querer la dinámica sutil, invisible, pero tenaz, que se esconde en la cocina, y más aún, entre los pliegues de la carne.

Porque ya sea una ensalada a la hora de comer, un vaso de vino tomado con los amigos o un tazón de *ramen* instantáneo que se calienta para afrontar una sesión de estudio nocturna, el plato que tenemos delante nunca es realmente lo que parece.

Cultura carnívora

No hace falta estar en tierras desconocidas y entre personas que acabamos de conocer: lo cotidiano es una atalaya perfecta para observar la influencia de la mesa en nuestra vida personal, social y política. De hecho, es ahí, en lo cotidiano, donde hay que escudriñar con más atención para descubrir lo extraordinario de nuestras comidas. Basta con observar, en una cena con amigos o en una fiesta de cumpleaños familiar, quién se sirve primero. ¿A quién es más probable que se le ofrezca un bis, y a qué categoría pertenecerán los comentarios no solicitados sobre el reciente aumento o pérdida de peso? ¿Quién será la persona que más veces se levante de la mesa para garantizar un buen servicio? Una pista podría ser la presencia de una mujer en una comida del domingo. Pero no solo eso. Si estamos en una cena de negocios, ¿en qué orden se disponen los compañeros? La directora general, el jefe de recursos humanos y el recién llegado se distribuirán de forma menos casual de lo que parece a primera vista. ¿Quién se sentará a presidir la mesa? ¿Quién opinará sobre la calidad del menú? Si se va a servir vino, ¿quién tendrá más probabilidades de que le ofrezcan la degustación inicial, mostrando cierta distinción respecto a los demás comensales? Esta responsabilidad difícilmente recaerá en el becario, suponiendo que esté invitado a la cena.

La comida es un hábil persuasor encubierto. A través de un plato, ya sea un simple tazón de leche y cereales que se come en soledad frente a una pantalla o el bufé que anticipa la ostentación de una boda mediterránea, se expresa, y sobre todo se introyecta, un sistema de mensajes muy preciso. Quiénes somos, qué papel desempeñamos en la sociedad y cómo debemos comportarnos.

El poder de lo que comemos procede en parte de su invisibilidad y de su incesante manera de repetirse. Empieza por lo obvio: tenemos que comer para vivir, un instinto primario que solo cierta obstinación de monjes y santas consiguió sublimar a base de meditación. La comida nos ancla al cuerpo; basta saltarse una sola comida para empezar a oír las primeras alarmas de nerviosismo y cansancio. Su carácter necesario queda encubierto a menudo por una cierta apariencia de trivialidad, como si fuera una presencia muda en nuestro día a día, o incluso una mera gratificación física. Y aunque es una forma de lenguaje con su gramática particular y reglas precisas, al tratarse de una actividad que se repite día tras día, su simbolismo tiende a desvanecerse, a quedar en un segundo plano, como el olor de la propia casa, que uno nota solo después de un largo periodo de ausencia.

Su poder deja de ser silencioso en el momento en que ocurre algo que cuestiona el sistema de códigos que conlleva. Basta descubrir la presencia de un único comensal vegano en la cena para que la atención de toda la mesa, muy probablemente, se dirija de repente a sus elecciones alimentarias. Representará una desviación de lo que se percibe como norma y hará que los demás comensales se sientan con derecho a analizar pormenorizadamente esa elección.

Porque de todos los alimentos conocidos por la civilización humana, la carne sigue siendo la protagonista indiscutible. Es el bocado con la carga simbólica más poderosa. Rica en energía, escasa y difícil de conseguir, sujeta a fácil putrefacción, desde el principio de nuestra historia la carne ha desempeñado un papel clave, no solo desde el punto de vista nutricional, sino también para definirnos como seres distintos de los demás, capaces de realizar hazañas dignas de la memoria futura, como demuestran las primeras pinturas rupestres que representan la caza, cuya primera tinta fue quizá la sangre de las mismas bestias abatidas. Es un ingrediente que inevitablemente nos posiciona frente a los procesos de vida y muerte, de intercambio y reciprocidad entre la esfera de lo visible y lo espiritual. En todo el mundo, en torno a la caza y, más tarde, a la matanza de animales de cría, intervenía un sistema de complejos rituales y figuras especiales. Carniceros, verdugos, sacerdotes, individuos pertenecientes a castas marginadas o temidas eran algunos de los encargados de acabar con una vida y contaminarse con la muerte en beneficio de toda la comunidad. Multitud de edictos, prohibiciones y advertencias, textos sagrados, escrituras de religiones de todo el mundo han intentado controlar la «carnalidad» de los creyentes, hasta el punto de determinar qué carne podía servirse en la mesa, decretando qué animales comer, delineando periodos de abstinencia, como la Cuaresma católica, o las modalidades de sacrificio, como en el *halal* o el *kosher.* Solo el alcohol, con su poder embriagador capaz tanto de elevar nuestros espíritus como de hundirlos en abismos infinitos, ha gozado de una atención similar en la historia de la humanidad.

Pero incluso a nivel laico, la lujuria, la mortificación, la mercantilización de los miembros y el ascetismo parecen activarse o desactivarse en presencia de la carne, especialmente si es roja y chorrea sangre.

Antes era un lujo que podían permitirse solo unos pocos, pero desde la posguerra mundial, con el aumento del nivel de vida y el descenso de los costes de producción, cada vez más personas han podido no solo aspirar a aquello de lo que habían estado excluidas durante generaciones, sino apropiárselo, hacer que la carne sea alimento para el pueblo tanto como lo es para el rey. Sin embargo, a pesar de su difusión y ubicuidad, con razón o sin ella, la carne sigue siendo la única sacerdotisa a la que todavía se considera capaz de transformar una mísera comida en un ritual.

El antropólogo Claude Lévi-Strauss, a través del análisis de un antiguo mito indígena brasileño, intuye y elabora por primera vez la idea de que la forma de cocinar de una determinada sociedad puede servir como lupa para analizar su estructura más profunda, y que la cocción de la carne es la clave de lectura más potente.[3]

Allí donde prevalecen las mitologías relacionadas con el asado, con las brasas ardientes, el crepitar de la grasa y la sangre que se mezcla con las cenizas aún calientes, Lévi-Strauss identifica los pueblos de temperamento guerrero, que celebran tanto el acto de la caza como la destrucción de los grupos enemigos. Las parrillas, los pinchos y las horcas aún figuran entre los artefactos culinarios que los arqueólogos encuentran en las cortes imperiales y otros lugares donde residía el poder político en Europa, y no en los hogares de los plebeyos comunes.

En las casuchas donde vivía el pueblo llano, en los patios, en los cuchitriles destinados al refrigerio de los viajeros, enterrados bajo metros de polvo y barro, se encuentran multitud de cuencos, tazas y soperas, listos para contener un caldo caliente. De hecho, Lévi-Strauss contrapone el fuego de las brasas a la domesticidad de la carne hervida, e interpreta en ella una inclinación familiar de cuidado hacia la comunidad entera, compasiva, opuesta a las chispas del fuego que prefiguran la guerra. Al preparar la carne hervida, esta también se cuece, pero conserva su jugo, junto con el de los demás ingredientes con los que se cocina, como verduras y cereales. Es más, en este contexto, la carne desempeña incluso un papel marginal, basta con un pequeño trozo para dar sabor, e incluso se puede prescindir de ella si se dispone de algunos huesos. Un tipo de preparación, por tanto, conservadora en la escasez, mientras que el otro quema y consume una abundancia inesperada aunque efímera. La primera es casera, como una sopa caliente al final del día; la otra es festiva, ocasional, como nuestras barbacoas dominicales.

A un nivel aún más elevado, Lévi-Strauss identifica precisamente en el acto de la cocción, que requiere el dominio del fuego, el paso crucial del hombre de la esfera de la naturaleza a la de la cultura. Es al moverse entre lo crudo y lo cocinado, o mejor dicho, entre la carne que se come cruda y la carne cocinada, cuando el hombre no solo se diferencia de todos los demás animales, sino que empieza a verse por encima de ellos, coronándose como su transformador, arquitecto y, en última instancia, amo. La carne se convierte así en el símbolo de la victoria del hombre sobre todo lo demás.

«La barbacoa es un derecho, no un privilegio. Cuanto más grande, mejor. [*Bigger is better*]. No hay excusas. El hombre está en la cima de la cadena alimentaria. Sea consecuente y ase».[4] Con esta frase arranca el libro de cocina de Marlboro, *Cook Like a Man,* cuyo subtítulo reza: «El último arte masculino». Creo que hoy en día es difícil encontrar una concentración mejor que esta de eslóganes y clichés para cortejar a los aspirantes a John Wayne.

El mensaje llega alto y claro. En una sociedad en la que los roles cada vez son más fluidos, en la que el dominio absoluto de los espacios políticos, económicos y sociales que eran coto exclusivo de los hombres empieza a tambalearse, solo queda un territorio seguro para el rey de la jungla urbana moderna. Escondida en el jardín o en el patio trasero de casa, brilla una parrilla sobre la que chisporrotean salchichas y hamburguesas. La guía de Marlboro parece indicar que este espacio es un derecho que debe reclamarse, un lugar sagrado donde uno puede volver a sentirse «en la cima de la cadena alimenticia», entre cerveza y cerveza.

Por supuesto, el género es una construcción social y cultural, un conjunto de acciones y significados performativos propios de un lugar y un periodo histórico determinados.

Pero hay estereotipos ligados al mundo de la comida que a su vez alimentan esta construcción y sus jerarquías; como mensajes persistentes, sirven para mantener el *statu quo* de la sociedad. Además son muy eficaces, precisamente porque son cotidianos y pasan desapercibidos. El *marketing* de Marlboro sabe cómo apaciguar al decaído varón moderno, al instarlo a reapropiarse de la carne como medio para demostrar virilidad.

Del mismo modo, el poder de tales construcciones sociales también se sirve de las costumbres alimentarias para mantenerse intacto. Y esto es especialmente evidente cuando traspasamos ciertos espacios. A las niñas se les enseña desde pequeñas que es mejor no parecer demasiado voraz en la mesa, que hay que controlar el apetito. Interiorizan que en la mesa, como en cualquier otro lugar, hay que estar tranquilas y serenas.

Rebusco en mi memoria la infinidad de representaciones televisivas en las que se ha mostrado una primera cita entre una pareja heterosexual. No recuerdo ninguna escena en la que la chica pidiese un chuletón poco hecho. Por el contrario, ¿qué pasaría si durante una cena después del partido de futbito un joven pidiera una ensalada o unas simples verduras? Se considera que el apetito masculino es indicador de buena salud, alegría, entusiasmo por la vida y buena forma física. La lujuria en la mesa puede interpretarse como apetito sexual que, al contrario que en el caso femenino, aquí se concede y se acepta, casi se exige. Pero entonces, cuando se pide un plato vegetariano, ¿se darían cuenta los compañeros del equipo? ¿Y cuáles serían sus comentarios? En contraste con la carne, las verduras siguen relegadas al papel de vasallo, de plato de guarnición, impropio de quienes deben sostener el dominio en la sociedad patriarcal. Estos escenarios son fáciles de imaginar, todos nos hemos visto al menos una vez en la vida en una comida en la que alguien, o nosotros mismos, decidimos ir más allá de los estrechos muros de las expectativas sociales dentro de los que debíamos situarnos. Y las consecuencias no se habrán hecho esperar.

Lo que como se convierte, entonces, en un mensaje para los demás, una tarjeta de presentación que me sitúa en un determinado espacio de la sociedad en la que vivo, como en el siguiente ejemplo, que viví hace unos años, de nuevo en el continente asiático, pero en un contexto totalmente distinto al de Bengala Occidental.

«¡Esos son los comedores de ratas!», grita mi compañero de viaje, señalando a lo lejos un grupo de adultos y niños que apilan fardos de arroz recién cosechado en una ordenada choza de paja. Veo cómo desaparecen en el horizonte, y poco después aparecen otros, en las extensiones de arrozales que atraviesa el autobús en el que viajamos, perturbando la quietud momentánea como una piedra arrojada a un estanque. Gurratan es un volcán en erupción, un hombre menudo que parece esforzarse para contener toda la energía del mundo, deseoso de ayudarme a descifrar los secretos de un paisaje que, de otro modo, yo solo podría apreciar desde un punto de vista estético. Estoy en el sur de Nepal para recabar información sobre las variedades tradicionales de semillas conservadas en aldeas remotas que podrían resistir a los cambios climáticos que se avecinan, y él es el hombre adecuado para esta misión. Se dio cuenta de que conmigo tenía terreno fértil para demostrar sus conocimientos del país, y no perdió ocasión cuando un grupo concreto de personas apareció como un destello, durante unos instantes, al borde de los relucientes campos. Un rápido vistazo bastó para comprender el porqué de aquel nombre, los *Mushar,* literalmente los comedores de ratas, una de las castas más bajas que viven en las llanuras de Nepal, que aún registran tasas de alfabetización de una cifra, visten con harapos, viven en tiendas improvisadas o poblados de chabolas que trasladan según las épocas de cosecha, y muestran esos pómulos pronunciados de quienes no llenan el estómago cada noche. Como estrategia de supervivencia, a lo largo de la historia, esta casta ha dependido a menudo de la carne de las ratas que infestaban los arrozales que cultivaban por encargo de las castas superiores. Los animales más nobles estaban destinados a las clases altas y, una vez más, en la repetición de los hábitos culinarios, la práctica se convierte en una marca de identidad o en un estigma.

La carne es, por tanto, un lugar, un espacio poroso donde las identidades mutan, donde la política encuentra un reflejo, donde raza, género, ética, religión y sexualidad se mezclan, revelándose en momentos alternos. Definiciones que se deslizan constantemente como placas de hielo rotas en un lago, que se vuelcan, se empequeñecen hasta encajar con otras, que acaban en mil pedazos, derritiéndose o cristalizándose con el nuevo frío. Y su poder para mostrar las complejidades y contradicciones del mundo actual aumenta cuanto más decidimos prestarle atención.

Atención que llegó a mi vida cuando, por casualidad, ojeando el *feed* del móvil, me topé con las palabras de un activista.

Se acabó el tiempo

«La inclusión totalmente imprudente de carne, pescado y lácteos en el menú del *catering* de la COP26 es una aplastante acusación sobre la absoluta incapacidad del Gobierno británico para comprender la raíz de la crisis climática. Es como servir cigarrillos en una conferencia sobre el cáncer de pulmón. Mientras se sigan tomando estas decisiones ilógicas, la emergencia climática nunca se resolverá».[5] Estas fueron las duras palabras de un portavoz de Animal Rebellion pocos días antes de la clausura de la vigésimo sexta Conferencia de las Naciones Unidas sobre el Cambio Climático, conocida como COP26, que se celebró en Glasgow en octubre de 2021.

Con el objetivo de hacer más efectivo el endeble acuerdo alcanzado en París en 2015, representantes de países de todo el mundo debatieron sobre cuestiones que ya no pueden posponerse para que se ocupen de ello las generaciones futuras: la necesidad de reducir las emisiones de gases de efecto invernadero y de hacer operativo un mercado internacional en el que los países «virtuosos» —es decir, los que menos emiten— puedan acceder a los fondos puestos a disposición por los países más contaminantes. En una sucesión de nombres importantes, tuits y *hashtags* aprobados por precarios gestores de redes sociales, sesiones informativas, debates y alborotos varios, el evento terminó con algunos resultados importantes en dos semanas. Unos doscientos países firmaron un acuerdo que menciona explícitamente la necesidad de reducir el uso de combustibles fósiles. Menos da una piedra. Para los que nunca han tenido el placer, asistir a una negociación sobre el contenido de un documento firmado por representantes de los Estados, especialmente si contiene la menor referencia a compromisos y responsabilidades, recuerda más un duelo en una guerra de trincheras que a una batalla a campo abierto.

¿Por qué entonces el activista de Animal Rebellion, un movimiento no violento de desobediencia civil que tiene entre sus objetivos reducir los peores efectos de la destrucción climática, se pronuncia en contra de lo que parece ser la forma, más que el fondo, de un acontecimiento crucial para nuestro futuro? ¿Por qué sacar a colación los bufés ofrecidos en los momentos de pausa, y no hablar de las palabras demasiado tibias utilizadas para discutir la inminencia del desastre global? Y, sobre todo, ¿por qué me trajo a la memoria aquella sopa negra que debía de estar a años luz de como tienen que ser los platos servidos a jefes de Estado y directores de grandes organismos internacionales?

Porque la carne hoy en día va más allá del espacio de la mesa, del gusto e incluso de las cuestiones identitarias. No es solo un caleidoscopio con el que leer la realidad, sino un agente activo que contribuye a darle forma en la actualidad que conocemos y vivimos. Invisible como alimento cotidiano, pero ingrediente omnipresente de la alimentación moderna, ha sido capaz de insertarse en el tejido del sistema económico y político moderno, el sistema capitalista y neoliberal, contribuyendo a su éxito global y aprovechándose de él.

El núcleo de muchas de las crisis que vivimos hoy en día —que encuentran en la crisis climática su expresión más explícita, pero que también adoptan la forma de desigualdad económica creciente, desilusión política y una sensación general de malestar colectivo— parece esconderse precisamente en los pliegues de la moderna industria animal, cuyo estandarte, la carne, está presente en todos los rincones del planeta, hasta tal punto que se vuelve imperceptible, igual que la imagen de fondo de pantalla de nuestros ordenadores.

Y la aventura en el mundo de la carne comienza con el intento de comprender sus camaleónicos roles. Para ello, empezaré por la ecología, que solo recientemente se ha puesto a buscar entre los grandes pastos modernos la explicación a sus problemas de salud. Economía, política y explotación se mezclan aquí con temas más delicados y permeables, como nuestra relación con los animales no humanos, con la vida misma y con la muerte. Estas páginas pretenden ser un ejercicio de desentrañamiento; descifrar nuestra sociedad crepuscular y a quienes la habitamos, a la luz de los elementos que comemos.

Es hora de poner el foco de atención en ella, la protagonista de esta historia, y en la revolución que la ha acompañado en el último siglo. ¿Qué es hoy la industria cárnica? ¿Cuáles son sus elementos fundamentales, qué organismos, qué tecnologías, en qué filosofías se basa para vivir y prosperar en el nuevo milenio? Y ¿con qué implicaciones para todo el planeta y su futuro? Para responder a estas preguntas, debemos movernos tanto en el espacio como en el tiempo. Tenemos que volver la vista atrás, a las polvorientas calles de la Nueva York del siglo pasado, donde los vendedores ambulantes de fruta y verdura voceaban sus ofertas en una mezcla de inglés y dialectos regionales, confiando en que los transeúntes los entenderían, donde el sueño y la promesa de crecer y prosperar seguían intactos entre los viejos habitantes y los recién llegados al continente americano.

EL PLATO DE LAS GRANDES OCASIONES

> *Creo que se podría argumentar de forma plausible que los cambios en la dieta son más importantes que los cambios de dinastía o incluso de religión.* [...] *Sin embargo, es curioso observar cómo rara vez se reconoce la importancia suprema de la comida. En todas partes se ven estatuas de políticos, poetas y obispos, pero ninguna dedicada a un cocinero, a un carnicero o a un horticultor.*
>
> George Orwell

Esto es Jauja

En 1928, el presidente de Estados Unidos Herbert Hoover declara a los micrófonos del país que conseguirá introducir en cada olla americana al pariente vivo más cercano del *Tyrannosaurus rex.* Habla del *Gallus gallus domesticus,* conocido por la mayoría con el nombre menos majestuoso de pollo. Por razones obvias, no utiliza esta palabra.[6] Hoover se presenta ante una nación de ciudadanos que vive en los albores de una de las peores crisis financieras de la historia, no ante una convención de darwinianos ni de nostálgicos de *Parque Jurásico.* Pero el mensaje de grandeza le queda claro a la audiencia. Promete un futuro de abundancia, en el que todos puedan acceder a lo que en el Viejo Continente sigue siendo un privilegio para unos pocos. Un siglo después, su deseo se ha cumplido por completo. De hecho, hoy habría que aumentar el número de ollas, ya que los descendientes de sus electores comen ciento cincuenta veces más pollo que hace ochenta años. En Estados Unidos se comen veintidós millones de pollos al día. Ocho mil millones de aves desaparecen cada año en los estómagos estadounidenses, una cifra cercana a la población humana en la Tierra.

La fuente de proteínas más consumida del mundo, con más de cincuenta mil millones de ejemplares sacrificados al año, estas aves con cerebro de reptil y bondad de mamífero encabezan todas las listas de la industria animal.[7] Las más consumidas, las más criadas, las más hacinadas en jaulas, las más utilizadas. Las primeras en abrir la puerta al mundo intensivo y eficiente, las últimas en cuanto a la consideración recibida por la legislación y por los grupos defensores del bienestar animal. Los verdaderos pioneros de la industria a gran escala fueron los pollos y las gallinas, que permitieron a millones de familias de todo el mundo acceder a la carne después de generaciones que solo la habían disfrutado en las dimensiones oníricas más prohibidas.

La historia de cómo estas criaturas emplumadas propiciaron un cambio tan radical es fascinante y, al mismo tiempo, un ejemplo de lo que el desarrollo industrial y el progreso suponen sobre la piel y las plumas de otros seres vivos, tema al que volveremos. Pero esta no es la aventura de un héroe solitario. Hoy en día, otros animales han pasado de ser el plato de las grandes ocasiones a convertirse en el centro, en el corazón palpitante de todas las comidas, en casi todos los rincones del planeta.

En Filipinas, Corea y Hawái, el cerdo también ha recibido una creciente atención culinaria, no tanto por la parte del jamón, ni como chuletas, o salchichas, o filetes de lomo. Su éxito adopta la forma de una crema rosa para untar, la Spam. Antes de ser envasada en una lata redonda de aluminio, la carne es desmenuzada, picada y emulsionada junto con sales, azúcares, glutamina, una buena dosis de conservantes y otros productos químicos. No será el candidato ideal como ingrediente *gourmet* según los sibaritas occidentales, pero la Spam tiene un éxito envidiable en Oriente. Desde la simplicidad de añadirle un par de cucharadas al arroz hervido junto con un plato de huevos revueltos antes de mandar a los niños al colegio, hasta elaboraciones más complejas planteadas en famosos programas de televisión por chefs locales igualmente populares, esta gelatina ha reescrito el ADN de cocinas enteras del sudeste asiático. Y con gusto. Comida rápida y barata, los dos distintivos de cualquier producto que quiera abrirse paso en la salvaje modernidad urbana. Su éxito se debe a su omnipresencia, que reverbera en el nombre, el mismo que utilizamos para calificar los correos electrónicos indeseados e insistentes: Spam. Fueron los soldados estadounidenses de paso durante la Segunda Guerra Mundial quienes primero influyeron en la fascinación por este milagro tecnológico: una carne que no necesitaba refrigeración, de fácil transporte y de larguísima conservación. El trío de características perfecto para tiempos de guerra.

La revolución no radica tanto en el «cómo» se consume la carne de cerdo en comparación con tiempos precedentes, sino en el «cuánto». El presidente Hoover no podía ni siquiera imaginar que los rivales del bloque soviético habrían podido saciar así su sed de proteína animal en las décadas siguientes. En la China actual, cada habitante consume una media de veinticuatro kilos al año, frente a los escasos seis kilos de 1977, un año después de la muerte de Mao. La mitad de los cerdos criados y consumidos en el mundo han conocido, aunque sea brevemente, el suelo y el cielo chinos.[8] Para hacernos una idea de su enormidad, podemos imaginar que nos traen un plato ordinario de filetes de cerdo asado. Los expandimos imaginariamente hasta cuatro veces su tamaño, hasta que alcanzan el tamaño de una maleta de embarque. Ahora, multipliquemos, si podemos, esta imagen de la maleta por mil cuatrocientos millones, el número de habitantes del Reino del Centro. Cada día, un habitante devora una maleta de carne, pero esta cada vez se hace más grande, crece sin descanso. Dicho crecimiento no retrocede ni un paso, a pesar de las últimas crisis financieras, pandémicas o bélicas. Al contrario, se estima que en los próximos diez años el consumo de carne de cerdo crecerá otro 30%, y será precisamente el mercado asiático el motor de este auge.[9]

A pesar de su gran inteligencia, su carácter social y muchas otras similitudes con nosotros los humanos (quizá más de las que queremos admitir, ya que dos de las tres grandes religiones monoteístas han preferido prohibirlo sin posibilidad de redención), la identidad del cerdo se reduce a menudo a su mera función comestible: 18% jamón, 16% tocino, 15% lomo, 12% grasa, 10% manteca, cerdas de pelo, huesos y poco más.[10] Sus declinaciones son infinitas, mucho más allá del paté de untar. Su dominio en las mesas del mundo va desde las costillas con salsa barbacoa por menos de diez dólares la ración, hasta la crujiente loncha de beicon colocada entre la ensalada y la carne en las hamburguesas que se sirven por millones y a ritmo constante en todos los rincones del planeta.

Y es precisamente la hamburguesa la fórmula inesperada a través de la cual el imperialismo estadounidense consigue abrirse paso incluso en los reductos ideológicos más impenetrables. Allí donde fracasan décadas de maniobras diplomáticas, triunfa el bocadillo símbolo del éxito capitalista, cuyo templo no tiene cruces, sino grandes arcos amarillos. En 1987 abrió en Pekín el primer Kentucky Fried Chicken, seguido unos años más tarde por McDonald's, cuyo éxito no muestra signos de decaer. Cuando se abren al público los primeros y relucientes mostradores prohibidos, no es el sabor de la comida en sí lo que empuja a hordas de chicos y chicas jóvenes hasta ellos, a hacer cola durante horas con tal de sentarse en unas mesitas redondas de plástico iluminadas con neón a máxima intensidad, a cruzar regiones enteras para mojar unas patatas fritas blandas en kétchup, en lugar de la habitual salsa de soja. Lo que motiva este frenesí es la sensación de entrar en un mundo nuevo, desconocido e imaginario, de sonrisas, hilo musical y limpieza impecable. Un universo diferente comparado con las pequeñas y oscuras tabernas locales donde se come a toda prisa en sillas desportilladas, entre el ajetreo de la calle y el tintineo del tráfico de bicicletas. Es la oportunidad de saborear, al menos durante el tiempo que dura una hamburguesa con queso, la idea de «América», de encontrar un pequeño espacio de evasión que no conlleve castigo ni ostracismo social. Es el comienzo de nuevos equilibrios geopolíticos, cuyas consecuencias aún no se han superado treinta años después.

Pero no solo la carne de cuadrúpedos y bípedos se convirtió en la nueva protagonista gastronómica, sustituyendo a siglos de sopas de verduras y legumbres, polenta y hogazas de cereales. El salmón, hasta hace poco sinónimo, para mí, de cena de Nochebuena, es ahora un elemento omnipresente en cualquier restaurante que luzca el reconocible cartel negro con letras blancas de «ALL YOU CAN EAT». Los canapés de mantequilla adornados con un sabroso lazo de pescado color coral sintetizaban, en mi casa, el sabor del evento, y aunque no era un lujo inalcanzable, se consideraba un capricho especial asociado a las cenas de diciembre. Ahora yace, apenas veinte años después, gruesamente troceado sobre lechos de hielo, como en un tanatorio, a la espera de convertirse en rollito o *sashimi,* con flácidos pliegues de músculo que nunca llegaron a nadar contracorriente, y carne apagada en las vetas de grasa blanca acumulada en los estrechos tanques de las piscifactorías intensivas, cuna del 70% del salmón que se comercializa hoy en día.[11]

Así pues, el apetito mundial por la carne parece imparable, al igual que la oferta. Pero no se trata solo de una cuestión de gusto y placer en la mesa, de propiedades nutritivas, de proteínas o simplemente de glotonería.

«¿Sabes si han vendido el pavo grande que tenían expuesto? No el pequeño, sino el grande».[12] Esta es la primera pregunta que un electrizado Ebenezer Scrooge le hace a un chaval que pasa por la calle, tras descubrir que tiene otra oportunidad de redimirse. El codicioso y endurecido protagonista de *Canción de Navidad* comienza su nueva vida entregando un enorme pavo en casa de su empleado Bob Cratchit, un animal tan grande que era «imposible que se hubiera sostenido sobre sus patas. Se le habrían partido al minuto como palillos de lacre». Se trata de una nota importante porque remite al entusiasmo con que la pobre familia Cratchit se saciaba con un miserable ganso. La carne es utilizada aquí por Charles Dickens como símbolo de prestigio y abundancia, que si se comparte puede conducir a la felicidad y la salvación, aunque es necesaria la aclaración explícita de que el enclenque pequeño Tim no muere.

Parte de la fascinación por la carne reside en su carácter «aspiracional». Durante siglos, la carne fue un alimento codiciado, la comida de quienes poseían tierras repletas de caza y guardias armados para protegerlas, de quienes podían permitirse la sal y las especias para la conservación, y tenían el lujo del tiempo de ocio, del *otium,* para dedicarse a cazar. Hoy, a través de su ingesta, se atestigua, consciente o inconscientemente, el ascenso social y económico de quienes logran acceder a ella, ganándose un lugar en la mesa de sus amos.

Pero ¿qué carne? Porque nos adentramos en un universo sin límites, tachonado de chuletones de ternera, de filetes de pavo, pero también de cortes menos comunes como hígados, riñones, corazones, e incluso saltos entre reinos, como los pululantes escamoles[13] mexicanos o las medusas coreanas. Carnero, oveja y cordero, y más aún, cualquier tipo de pez o cetáceo que haya conocido nuestras redes o anzuelos, caballos, burros, incluso los camellos de los suntuosos banquetes de boda beduinos: prácticamente todas las especies han conocido su declinación comestible, *sapiens* incluido.

La gallina fue antes que el huevo

Como se desprende de los ejemplos anteriores, que van de Estados Unidos a Corea, de China a nuestras cenas navideñas, hay un tríptico especial de animales que desde hace décadas no ha dejado de reescribir por entero relaciones sociales, políticas y económicas, dominando el comercio mundial de calorías animales. Los orgullosos pollos, la familia bovina y los incomprendidos cerdos, con el añadido transversal de aquellos cuyos miembros ni siquiera se consideran carne, siervos más propios de los tiempos de Cuaresma y ayuno: los salmones y otros peces que logran sobrevivir y reproducirse incluso en condiciones de cría, ajenos en todo, menos en el destino que los une a sus tres anteriores compañeros de matadero.

El mundo nunca ha estado tan inundado de alimentos procedentes de sus huevos, su leche y, sobre todo, su carne. Y no es solo que hayamos pasado en tiempo récord de tres mil millones de personas en los años sesenta a casi ocho mil millones en 2021, por lo que sencillamente el número de bocas que reclaman calorías animales es mayor. La cuestión es también hasta qué punto estas bocas son ahora capaces de expandirse para asumir cantidades cada vez más grandes. Mientras que en 1961 el consumo anual de carne per cápita era de unos veinte kilogramos, hoy es aproximadamente el doble.[14] Somos más y comemos más, pero ¿por qué comemos tanto, superando con creces lo que serían nuestras necesidades diarias? ¿Cuál es el motor de esta revolución? ¿Comemos más carne porque cada vez se produce más y a precios más bajos, o es el mercado el que trata de responder a los apetitos que la reclaman con una voracidad implacable? Es decir, ¿hay que ir a investigar cómo el aumento general de los salarios ha favorecido un crecimiento de la demanda de carne, o es algo que tiene que ver con la industria, que la ofrece a diestro y siniestro, y a precios cada vez más bajos?

Entramos en el círculo vicioso del huevo y la gallina. Ontológicamente inseparables la una de la otra, la oferta y la demanda se entrelazan como tallos de mimbre, creando la red en la que se mueve el sistema económico y, como consecuencia, todos nosotros. Una demanda creciente de productos cárnicos invitará a la industria a responder con mayores niveles de productividad. A su vez, la mayor productividad y las economías de escala reducirán los precios finales, lo que provocará un mayor consumo. El ciclo de impulsos volverá a empezar, hasta que se alcance un nuevo equilibrio.

Sin embargo, existe un punto de partida. No se puede consumir lo que no se produce, a no ser que se pase a la utopía geográfica de las finanzas, hecha de *futures* y derivados. Empecemos, pues, con algunos datos. En los últimos cincuenta años, la producción de carne de vacuno se ha más que duplicado, la de cerdo se ha quintuplicado y la de pollo, libre de todo tabú religioso, se ha disparado hasta doce veces los niveles registrados tras la Segunda Guerra Mundial.[15]

Revoluciones tecnológicas impresionantes, como el perfeccionamiento de la cadena del frío —desde los barcos de vapor llenos de hielo que navegaban de Chile a San Francisco hasta el más común frigorífico, pasando por el descubrimiento de los antibióticos o los secretos de la genética—, han contribuido a hacer más accesibles las proteínas animales y a mejorar los niveles nutricionales de millones de personas. El proceso de urbanización, el aumento del empleo femenino y el incremento general de la prosperidad han modificado profundamente nuestra relación con todo el mundo de la alimentación, incluida la carne.

Sin embargo, la piedra angular que ha posibilitado pasar de los setenta millones de toneladas producidas en 1961 a más de trescientos veinte millones en 2018 se encuentra en lugares concretos, donde todo responde a una férrea lógica de optimización, desde el grosor de los muros que los forman, hasta los cuerpos que dominan, pasando por las reglas que imponen. Lugares donde se aplican tres mandamientos, como tres son las especies principales que los habitan, además de la nuestra. Primero: todo *input,* sea humano, animal, tecnológico o químico, no tendrá otro fin que aumentar la producción. Segundo: toda relación que no sea económica debe ser suprimida. Por último y más importante, el tercer mandamiento: nunca se habla de las CAFO fuera del ámbito de las CAFO.

CAFO —*concentrate animal feeding operation,* «operación concentrada de alimentación animal»— es el acrónimo tras el que se ocultan las explotaciones de ganadería intensiva. Literalmente, espacios donde una multitud de animales son, más que criados, alimentados con el objetivo de producir la mayor masa posible en el menor tiempo. Concentrados en un espacio definido, cada aspecto de su existencia es estudiado y controlado hasta el más mínimo detalle. Los que se mueven, o más bien permanecen, dentro de estos espacios no son verdaderos seres vivos, sino *commodities,* mercancía que solo conocerá la libertad de movimiento cuando esté repartida por el mercado en una infinidad de trozos, libre para esparcirse como fuegos artificiales allí donde haya un comprador interesado.

Sin embargo, es necesaria una advertencia. Aventurarse en el mundo de la producción moderna e intensiva de carne —que ha pasado de ser un lujo a convertirse en un picoteo despreocupado— y de las temperaturas que calientan al rojo vivo las premoniciones futuras es adentrarse en la madriguera de un Conejo Blanco de tintes góticos. Y a pesar de los intentos de la industria por dibujar reses entusiastas a la hora del ordeño, gallinas que corretean con los pollitos detrás y cerditos con sombreros de paja de aspecto antropomórfico que nos invitan a sus casas al estilo de un cuento de hadas, el mundo de la carne se parece más a una película de terror para la que sería mejor prepararse.

BIENESTAR ANIMAL

Si Dios es un pollo, estamos en un lío.
UN CRIADOR ESTADOUNIDENSE[16]

Ritos de paso

En mi pueblo, Travo, una aldea de unos pocos miles de habitantes en las colinas de la región de Emilia-Romaña, hay una noche de invierno más esperada que Nochebuena. La inquietud con la que se espera a Papá Noel no tiene nada que ver con la que precede a la noche del 13 de diciembre, es decir, la llegada de santa Lucía. No hay renos a su lado, solo un burro. En vísperas de su llegada, es costumbre poner en el alféizar de la ventana un cuenco de leche, una zanahoria, a veces una manzana o un trozo de pan duro. Al día siguiente, el cuenco se encontrará vacío, a la zanahoria le faltará la punta, quedarán el corazón de la manzana y migas donde antes estaba el pan. Indicios claros del paso de la extraña pareja. Recuerdo que, una vez, dos ingeniosos padres fueron aún más lejos y dejaron estiércol sacado quién sabe de dónde cerca de los restos de comida. El gesto estuvo en boca de todos durante días e inculcó a su hijo Luigi una fe férrea en la existencia de lo invisible.

La revelación de la identidad de esta santa un poco inquietante, un espectro de ojos ardientes que te vigila sin que puedas saberlo, sigue siendo para muchos una de las primeras decepciones que preceden el abandono del mundo de la infancia.

Pero los ritos de paso exigen a menudo romper con las propias creencias, con una cierta manera de ver el mundo a la que nunca se puede volver, exigen deshilachar las imágenes votivas en las que nos apoyábamos. Si, ya adulta, aún creyese que los bienes materiales que deseo pueden aparecer de repente en mi habitación, sin esperar a que alguien los haya buscado, elegido, comprado y, sobre todo, pagado, se me consideraría una ilusa o, más aún, una demente.

Observar fijamente el abismo que se esconde tras una cesta de alitas de pollo fritas compradas por unos pocos euros, o tras unos cientos de gramos de jamón en oferta, me llevó a una destrucción similar de una ilusión que, una vez desvelada, volvió absurda mi ceguera anterior. Lo cual, sin embargo, no es enteramente culpa mía. La industria alimentaria hace todo lo que está en su mano para que nadie pierda esa inocencia, o esa ingenuidad, y al sumergirme en el estudio de la carne intensiva, más que una revelación, experimenté un desgarro de la resplandeciente imagen de un progreso constante hacia un mundo mejor que fue como un cubo de agua helada en medio de un sueño profundo.

Para descubrir de dónde procede la abundancia de carnes, quesos y huevos que llenan nuestros estómagos, el primer paso consiste en abandonar nuestras lustrosas idealizaciones sobre los asados y embutidos que adornan nuestras mesas, y destruir la imagen bucólica y armoniosa de la que pensamos que procede tal exceso: la granja. Tan real como el burrito que se bebía nuestra leche en las interminables noches de invierno emilianas.

Granjas de acero

En una pradera sin límites, el ganado manso que rumia heno se refugia en un establo, un corral contiguo alberga lechones que rebuscan con el hocico, mientras las gallinas corretean libremente por el patio en busca de semillas e insectos. Están vivos, son seres con carácter y personalidad propios. A su alrededor se mueve el guardián de este templo, el criador o granjero con el que los animales mantienen una estrecha relación a lo largo de su vida. Como en el cuadro de Grant Wood *American Gothic* (1930), el granjero se presenta a nuestra imaginación con peto vaquero, caucásico, junto a su familia, como las de antes, rudo pero jovial, con un tono quizá algo reaccionario y conservador, pero integrante de una comunidad rural más amplia de la que se siente orgulloso. Los animales están contentos de formar parte de esta imagen campestre. Y en una especie de armonía onírica con sus amos humanos, cuando les llegue la hora, ofrecerán gustosamente sus pescuezos. Pero nada en la industria cárnica actual está más lejos de esta imagen, si es que alguna vez existió realmente.

Los precursores de esta industria, por desgracia para ellos, fueron las gallinas y los pollos. Muchas de sus cualidades cognitivas, conductuales, emocionales, sociales y físicas han jugado en su contra en este cuento de hadas capitalista. Tengamos presente el mandamiento número uno de la ganadería industrial: todo debe perseguir la intensidad y la rentabilidad. Estas aves son capaces de reproducirse en cautividad, un requisito previo necesario para cualquier criadero. Además, su capacidad para desarrollar el *imprinting* permite que los polluelos se acostumbren desde muy pronto a la presencia de máquinas y seres humanos, lo que facilita su manejo. Por último, son gregarios, por lo que, una vez identificado el líder, será fácil manejarlos en grandes grupos. Aspectos todos ellos que, junto con el uso de incubadoras, piensos enriquecidos y grandes dosis de antibióticos, han permitido pasar de unos pocos animales en el corral a miles por nave.

En un siglo, el *Gallus gallus* se ha convertido en la especie aviar más explotada, obligada a vivir en baterías de pocos centímetros cuadrados, en jaulas apiladas unas sobre otras, sin posibilidad de expresar nada de su emocionalidad, salvo en forma de miedo y estrés.[17] Pero no siempre fue así. Hubo un tiempo en que las gallinas eran valoradas por su instinto maternal, hasta el punto de que aún hoy en italiano se utiliza el término *chioccia* [«gallina clueca»] para describir a una madre cariñosa y protectora. Incluso su valentía era reconocida por todos, especialmente la que demostraban en las peleas de gallos en las apuestas clandestinas. Sin embargo, cuando esta forma de entretenimiento se ilegalizó, lo que quedó fue el asombro ante su exquisito plumaje, hasta el punto de que en el siglo XIX se organizaban grandes ferias para mostrar la diversidad y fabulosidad a la que podían aspirar. Hoy, por el contrario, para definir a alguien como poco avispado, inteligente o listo, se le cataloga como poseedor de un cerebro de gallina. Este prejuicio se refleja en las diversas normativas sobre bienestar animal que protegen las categorías de criadero de un trato que se considera excesivamente cruel, como ser transportados durante más de ocho horas, la violencia física, el confinamiento en jaulas demasiado estrechas, etcétera. Las aves de corral, de hecho, son las que gozan de menor protección legal en comparación con sus otros compañeros de desventura; a pesar de constituir la mayoría de los animales criados y sacrificados, están excluidos tanto de la Ley de Bienestar Animal como de la Ley de Sacrificio por Métodos Humanos, las dos únicas leyes a nivel federal en Estados Unidos, y un punto de referencia sobre el tratamiento y sacrificio animal.

Pero a las demás especies tampoco les va mucho mejor, apenas se sale de las páginas de los códigos civil y penal. Hoy en día, actos como la mutilación voluntaria, la tortura e incluso el sacrificio de un animal aún consciente se consideran prácticas crueles, a no ser que se lleven a cabo dentro de «una práctica agrícola». Esta pequeña cláusula legal abre las puertas de la industria a una impunidad casi segura.

A la mayoría de nosotros nos horrorizaría pensar en un perro apaleado hasta la muerte. La costumbre de cortar el rabo a ciertas razas de perros, antaño habitual, puede acarrear ahora una multa de al menos treinta mil euros y pena de cárcel por maltrato animal. Al igual que los perros, los cerdos también mueven el rabo cuando están contentos y, sin embargo, gracias a la trampa de denominarlo «práctica agrícola», las tenazas, que les arrancarán el rabo sin siquiera la precaución de la anestesia, actúan con plena legitimidad legislativa. La razón que se suele esgrimir es que, de lo contrario, los lechones se las morderían unos a otros, aumentando el riesgo de infecciones, por no hablar del perturbador acto de canibalismo, que siempre ha sido uno de los mayores tabúes humanos. Canibalismo que, sin embargo, se tolera cuando la sangre de los cerdos adultos ya sacrificados se transforma en un complemento vigorizante destinado a la alimentación de los propios lechones.

Sin embargo, cuanto más se aleja un animal de nosotros en apariencia y comportamiento, más tendemos a creer que es baja su jerarquía en el empíreo de los sentidos y el razonamiento. Considerar la inteligencia animal en función de su similitud con la humana implica mantener al margen a los más difíciles de comparar con nosotros. Aunque desde que he descubierto que las vacas son capaces de guardar rencor y resentimiento a quienes les hacen daño, las percibo más afines que cualquier primate capaz de pedirnos frutos secos con lenguaje de signos.

Para todos aquellos animales en los que es menos inmediato encontrar puntos de semejanza, parece que se identifican más con objetos que con seres sensibles, preludio de un trato sin miramientos. Para confirmarlo solo tenemos que fijarnos en quiénes residen entre los parias absolutos de la protección animal y de la empatía en general: los peces. Tan ajenos a nosotros que parecen hacerlo a propósito: la vanidad de sus escamas en lugar de nuestra epidermis opaca, glabros en las extremidades bidimensionales que sin embargo les permiten moverse en el reino del agua, dimensión que a nosotros nos excluye, y la desfachatez de poder incluso respirar en ella. Por último, la inescrutabilidad de sus rostros los pone a la altura de las aves en cuanto a parecernos seres radicalmente distintos a nosotros, sin que se pueda dar una identidad a cada individuo, condenados a ser considerados solamente como bancos o bandadas. A lo largo de los años, un número creciente de pruebas científicas ha demostrado hasta qué punto esa cosificación está fuera de lugar.[18] Los peces no solo responden a los estímulos dolorosos experimentando —atención, señoras y señores— dolor; también se ha demostrado que experimentan estrés y miedo ante el recuerdo de sucesos traumáticos, sacudiéndose y mostrando un comportamiento anómalo cuando se enfrentan a los mismos estímulos luminosos que habían precedido previamente a descargas eléctricas o a la exposición a sustancias que provocan picor. Los científicos hablan incluso de comportamientos similares a los que experimentan los veteranos de guerra con síndrome de estrés postraumático. A pesar de ello, las prácticas pesqueras y de criadero con anzuelos afilados y redes continúan como si los peces fueran objetos incapaces de percibir y sentir el mundo que les rodea. No ayuda nuestra incapacidad de entender su lenguaje, o de encontrar pistas sobre la existencia de este, por lo que uno asume que no lo tienen; la apertura de sus bocas una vez atrapados cientos de ellos en las redes pierde fuerza como le pasa a la obra de Munch repetida infinidad de veces en las postales de las tiendas de *souvenirs* de los museos.

Hablando de pollos y gallinas, gran cantidad de estudios demuestra que, cuando no están ocupados escarbando o saltando sobre árboles y arbustos, hablan entre ellos con diversos gorjeos y borboteos de tonos y significados diferentes. El lingüista Erich Baeumer ha registrado minuciosamente durante más de sesenta años los gorjeos, piadas, chillidos y cacareos de estas carismáticas aves, hasta hacer evidente su *ars oratoria.* Tienen un lenguaje tal que una gallina *kuku chikwale* de Tanzania podría comunicarse con una *bianchina* italiana si tuvieran que hablar de comida, de dónde anidar, si hay riesgo de depredadores desde arriba o desde abajo, si se gustan, etcétera. Los estudiosos han identificado, de hecho, al menos treinta frases completas, aunque básicas, de comprensión «internacional», un esperanto que no salió rana.[19] No está mal para unos animales con un cerebro de poco más de diez gramos, pero con una densidad neuronal que los hace capaces de competir con más de un primate.[20]

Pero no era su oratoria lo que necesitábamos. A lo largo de los siglos, al investigar las variedades más adecuadas para las distintas necesidades, se observó que unas gallinas eran más prolíficas en huevos y otras daban mejor carne. Así se creó una clara bifurcación evolutiva: por un lado las gallinas ponedoras, ligeras y plumosas, y por otro las compañeras más rechonchas, las variedades de carne, también conocidas como pollos de engorde.

Desde la eclosión de los huevos hasta la distribución automática de los piensos, pasando por los espacios inexistentes en los que pueden moverse los animales o los niveles de humedad del aire, todo está estudiado para optimizar el resultado y ahorrar dinero. Cada etapa de la corta vida de cada animal, cada componente de su cuerpo, sus genes, su alimentación, sus horarios de vigilia, a lo largo de los años todo se ha calibrado para perfeccionar la producción de carne, huevos o leche. Hoy en día, los criadores de pollos tienen puestos de trabajo más parecidos a los de los guardias de seguridad de un supermercado que a un sótano lleno de herramientas de trabajo. Enormes pantallas y centros de control vigilan que cada parámetro esté donde tiene que estar y, en caso de que tengan que ausentarse, unos *walkie-talkies,* similares a los que se utilizan con los bebés durante los primeros meses de vida, les permitirán correr a sus puestos a la primera alteración que pueda costar decenas de vidas. Un auténtico panóptico a medida animal.

Las estaciones tampoco son ajenas a este control. En el caso de las gallinas ponedoras de cría, por ejemplo, una vez que alcanzan la madurez, se las mantiene durante al menos dos semanas en total oscuridad, las veinticuatro horas del día, con escaso alimento a disposición. Al invierno simulado de su descontento le sigue un verano resplandeciente. Literalmente, porque consiste en días de veinte horas de luz y comida rica en proteínas. Con ello se pretende simular la cantidad de gusanos e insectos que las gallinas habrían cogido si hubieran vivido al aire libre, una vez llegada la primavera, cuando en el campo vuelve a despertar el bullicio de la vida. La luz incesante y la repentina inyección de proteínas harán que sus cuerpos asuman que es la hora de la abundancia y la seguridad, el momento en que pueden dedicar energía a poner huevos. Esta dinámica solo llegará a su fin cuando su productividad empiece a descender y las gallinas ralenticen su altísima tasa de producción de más de trescientos huevos al año, unas tres veces más de los que pondrían en libertad. Una noche más larga caerá entonces sobre ellas, para dejar paso a nuevas gallinas. Pero ni siquiera con la muerte desaparecerá su papel en los balances de las empresas, seguirán retornando como plusvalías: sus plumas y su carne cansada, tras una serie de transformaciones, se convertirán en harina no refinada destinada a ser alimento para otras bestias que gozan de un destino más feliz, el de animales de compañía.

Como el modelo industrial puesto en práctica con los pollos tiene éxito, se extiende también a otras especies. Primero los cerdos y luego también el ganado vacuno han caído en la red de la optimización. Desde su selección genética hasta el porcentaje de hormonas liberadas al aire en el momento de la concepción, todo es objeto de estudio y control.

Así, mientras que antes los animales se criaban en pastos, en traspatios o en corrales no muy lejos de las casas, ahora se convierten ellos mismos en engranajes de una industria dedicada a maximizar la productividad y el beneficio. Todo ello es posible gracias a la evolución de la granja a una fábrica de carne, siguiendo el ejemplo Ford. De hecho, parece que Henry Ford encontró inspiración para su modelo de producción, que revolucionó el mundo de todas las industrias, precisamente en una visita a los mataderos de Chicago a principios del siglo xx. Allí quedó fascinado al ver cómo los cerdos entraban a montones, por sus propias patas, y, a través de una serie de pasos precisos, llevados a cabo por varios equipos especializados, salían desmontados, descompuestos en partes individuales según las necesidades del creciente mercado urbano. Su acierto consistió en ver el potencial del proceso inverso. A partir de una cadena que despiezaba el animal en sus partes, imaginó una cadena destinada a ensamblar partes individuales para formar un único producto. Replicable, estandarizado, rentable. En resumen, un sistema eficaz. Partir de cartílago, huesos, ligamentos y construir músculo encima, hacer un andamio con una tela de nervios y, por último, fijar la piel como una carrocería brillante. Y como en un juego de espejos, la industria animal se inspiró a su vez en la puesta a punto estilo Ford, nutriéndose de sus conceptos de especialización y control, pero sobre todo cabalgando la ideología neoliberal, con su mitología del libre mercado, del debilitamiento del sector público, de la asfixia de los sindicatos y de la protección de los trabajadores en general, y la certeza absoluta de que el mundo descansa sobre una sólida racionalidad individual y, sobre todo, empresarial. Fascinados por la pulcritud de estos supuestos, por su linealidad, era fácil convencerse de que la entrega total al beneficio equivalía a la consecución del bien común de la sociedad en su conjunto. El destino de la industria cárnica empieza a entretejerse en el marco teórico del capital y, a su vez, lo refuerza: al crear concentración de poder, al garantizar alimentos baratos para mantener bajos los salarios mínimos y, por tanto, los costes laborales, garantiza las condiciones básicas para que otras industrias sigan moviéndose dentro del mismo paradigma.

Sobre estas premisas comienza la epopeya del continente cárnico, un imperio similar en muchos aspectos a cualquier otro que haya llevado las riendas del comercio global en el pasado. Sus cimientos están formados por los huesos y la sangre de los vencidos, ya sean animales o humanos. Pero es el valiente acto de asomarse para verlos lo que primero puede hacerlos temblar.

EL CONTINENTE DE LA CARNE

Un Anillo para gobernarlos a todos. Un Anillo para encontrarlos, un Anillo para atraerlos a todos y atarlos en las tinieblas.

J. R. R. Tolkien

Duelo entre gladiadores

Desde la Segunda Guerra Mundial, la carne goza de prosperidad y al mismo tiempo la genera para quienes consiguen invertir capital en ella. Poco importa que el aumento de la eficiencia se corresponda con un aumento del sufrimiento del animal o una disminución de su calidad de vida, y que a medida que aumenta el número de animales criados, también lo haga la distancia que los separa de los humanos.

Donde antaño las praderas estaban llenas de vaqueros que, en nombre de otros tantos terratenientes, gestionaban los rebaños, ahora la mayoría de los bueyes llevan inscrito en su destino el nombre de Tyson Foods, Cargill o la sigla JBS. Juntas, estas tres empresas mueven el 80% del ganado bovino mundial. Tres empresas. Pensar en el titánico rebaño que comandan da vértigo; más aún si se tiene en cuenta que sus nombres son desconocidos para la mayoría, y que de sus decisiones depende la vida de millones de personas que sobreviven con lo que ellas producen.

No solo las explotaciones ganaderas, también la gestión del sacrificio está en manos de unos pocos elegidos. Setenta y cinco mil reses, ciento quince mil cerdos, catorce millones de pollos son el número de animales sacrificados cada día por la JBS antes mencionada. El lema *«Go big or go home!»* también se aplica aquí. Desde 1950 hasta la actualidad, en Estados Unidos, los criadores de cerdos, el foco original del proceso de industrialización, han disminuido de cientos de miles a solo sesenta y ocho mil en 2015.[21] De forma especular, dentro de los establos, el colapso del 70% de las granjas desde principios de la década de 1990 hasta 2010 va de la mano de un aumento del 1000% en el número de animales por planta. La cartografía del mercado cambia, al igual que cambia el paisaje de regiones enteras, salpicado de silos repletos de maíz para abastecer a las megagranjas que contienen más de quinientas mil bocas húmedas y ojos abatidos. Que el reino de la carne es intensivo y tecnológico resulta evidente por la cantidad de sus productos que inundan todas las latitudes del mundo. Pero el aspecto que lo diferencia de otros sectores agroindustriales es otro ingrediente, dado por las coordenadas en las que se ha movido desde sus inicios, las coordenadas verticales y horizontales de su proceso de concentración. Aquí se encuentran las claves de su imperio oligárquico.

La primera, la concentración horizontal, es similar a cuando se rompe un termómetro lleno de mercurio. Para recuperar la sustancia brillante, se intenta englobar las gotas unas con otras, hasta crear una esfera tan voraz que absorbe incluso partículas invisibles a simple vista. Del mismo modo, en el mercado libre, quien es mejor en el juego, quien corre más rápido, quien intuye el futuro de la economía, se come uno a uno a los peones que se van quedando atrás. En el mundo de la ganadería, quien gana adquiere las naves, los animales, las relaciones con los distribuidores y, sobre todo, los clientes de quienes no lo consiguieron.

Y el sector agrícola se presta a este duelo entre gladiadores. De forma muy simplificada, podemos ver que los mercados agrícolas se caracterizan por un patrón ondulatorio, con fases de fuerte crecimiento que van acompañadas de desplomes de precios y noches en vela para los que tienen que encontrar una solución al fracaso. En épocas de auge, es decir, cuando hay una gran demanda de un determinado bien, pongamos por caso las pechugas de pollo, los precios suben, todo el mundo las quiere y está dispuesto a pagar por tenerlas en su restaurante o supermercado. Fascinados por la posibilidad de obtener beneficios, muchos intentarán subirse al carro ganador; empezarán a criar pollos, invirtiendo en cobertizos y maquinaria, con la idea de recuperar con intereses una vez que la carne se venda en el mercado. La cuestión es que al hacerlo, en poco tiempo, el mercado se cargará de carne de pollo, mucha más de la que los restauradores y la demanda en general pueden absorber. Para no malgastar esfuerzos y ver cómo se pudre la carne en pocos días, los productores estarán dispuestos a bajar el precio de venta, desencadenando una carrera a la baja. Pero no todos tienen la resistencia, la fuerza financiera, para aguantar en tiempos de crisis, y se verán obligados a abandonar el juego. Su puesto quedará entonces libre. Los que sobreviven y creen que la recesión terminará, y que los precios volverán a subir, podrían decidir hacerse cargo de los productores agotados por los movimientos del mercado. Si sus predicciones son correctas, cuando los precios vuelvan a subir, dispondrán de mayores economías de escala y menores costes fijos. Estos, a su vez, se traducen en una ventaja sobre todos los demás jugadores al comienzo de la segunda ronda.

La competitividad, la innovación, la capacidad empresarial, el olfato y los golpes de suerte forman parte de un mercado sano, del que en teoría se beneficia toda la comunidad. Un mercado vibrante suele traducirse en precios más bajos y mejor calidad. Es tarea de los organismos antimonopolio vigilar a los ganadores para que no adquieran la capacidad de sofocar cualquier intento de competencia en el mercado. Como en nuestro caso.

La ley del más fuerte

En el vasto imaginario del folclore japonés, el término *kodoku* hace referencia a una poción mágica creada al introducir en un saco lagartos, arañas y otras bestias lo bastante agresivas como para iniciar una batalla a muerte entre ellas. La poción resultante, empapada de odio y violencia, servirá para echar una maldición a los enemigos. En cada combate, gracias a un hechizo, la bestia perdedora será absorbida por el vencedor, junto con su ferocidad y sufrimiento. De cientos de pequeños ciempiés, sapos, escorpiones y serpientes, nacen hidras, monstruos y demonios cada vez más grandes, capaces de utilizar según sus necesidades aguijones, picos, dientes venenosos y cualquier arma confiscada al vencido.

No eran garras de verdad las que utilizaban los príncipes de la carne para convertirse en tales, pero los diversos organismos antimonopolio no han sido capaces de reconocer a los monstruos que la industria estaba generando, e incluso cuando se han dado cuenta, han seguido siendo incapaces de detenerlos. Saber aprovechar el momento, ser descarado y sentirse por encima de la ley fueron características que dieron sus frutos en la época de bonanza económica de los desenfrenados años ochenta, en los albores de las finanzas creativas. Los fundadores de los gigantes que ahora superan en riqueza a países enteros devoraron, uno a uno, a los vecinos que ralentizaban el mercado. A cada recesión económica respondían con otras inversiones, y a cada riesgo de sanciones o trabas legislativas.

Porque puede que la carne sea un negocio sucio, puede que los mataderos no tengan el mismo encanto que una agencia inmobiliaria, pero dan mucho dinero, y los que consiguen sentarse en este trono harán lo que sea para seguir ahí. De las multinacionales mencionadas, en 2021, JBS declaró una facturación anual de 50.000 millones de dólares; Tyson Food, de 43.000 millones; mientras, en el mismo año, Cargill tuvo un éxito excepcional con más de 165.000 millones de dólares. El Banco Mundial estima que el PIB de Burkina Faso en 2021 rondará los 20.000 millones de dólares. Menos de la mitad que el ganador de la medalla de bronce, y también que la primera multinacional. En efecto, «la carne es un negocio sucio».

La imagen de las esferas de mercurio ya no basta tras los primeros años de crecimiento. Como una planta trepadora que se enrolla alrededor del tronco de un roble hasta asfixiarlo, la industria también se ha movido en dirección vertical. El término técnico para ello es «verticalización» e indica ese proceso en el que se engloba a quienes se mueven por debajo y por encima de su línea de producción y valor.

Para entenderlo, podemos fijarnos en la línea que conecta un cochinillo con un jamón curado. En esta línea, en el origen, tenemos al lechón como punto de partida para el ganadero. Que ya nace como una deuda, porque su carga genética se ha comprado a una agencia especializada en seleccionar y cruzar los ADN más prometedores del mercado. La cría necesitará alimentación y cuidados —tanto cuando enferme como cuando esté bien— y algún empujoncito hormonal si se resiste. La alimentación, los medicamentos y las hormonas entran en el presupuesto como gastos, ya que hay que comprárselos a las empresas de piensos y a las farmacéuticas. Una vez alcanzada la edad y el peso ideales, será necesario llamar a un transportista para que lleve al desafortunado animal al centro de transformación, también conocido como matadero, al que será vendido, convirtiéndose finalmente en una fuente de ingresos.

Cada uno de estos pasos, desde el transporte al despiece, al curado e incluso a la etiqueta adhesiva que se le aplica, es un elemento que añadirá valor al precio final. Es una lástima que no sea el primer propietario del cochinillo quien se beneficie; el valor adquirido en el *post mortem* lo captan quienes lo preceden y suceden. Sin embargo, si hubiera una sola entidad capaz de producir el pienso para los cebaderos, que fuera además propietaria de los laboratorios en los que se seleccionan las líneas genéticas ganadoras, gestionara la logística, poseyera el único matadero en kilómetros a la redonda, fuera la única con contactos directos con la distribución en los principales supermercados del país e hiciera contratos exclusivos con las grandes cadenas de comida rápida, entonces podría cosechar el aumento de valor de cada fase y volcarlo en una mayor expansión, ya fuera vertical u horizontal. Como extensiones de puntos brillantes en el espacio que convergen entre sí, las fases de productividad a lo largo de las décadas colapsan unas sobre otras hasta convertirse en un puñado de enormes y amenazadores globos de fuego.

Hubo un tiempo en que una explotación ganadera de tamaño medio y una carnicería eran el corazón palpitante de la economía local. Algunos de los habitantes producían los forrajes, otros poseían los molinos y las muelas para refinar los granos, algunos se habían especializado en la cría y conservación de diferentes razas que se intercambiaban en las ferias anuales, y otros ponían a disposición sus medios de transporte cuando era necesario, y así sucesivamente. En cambio, los procesos de intensificación colonizaron la economía de las zonas rurales, erosionando el sentido de pertenencia y los valores sociales compartidos.[22]

Los procesos de industrialización y concentración se cruzan y se refuerzan mutuamente. Disponer de una ventaja tecnológica o estratégica reducirá los costes propios, expulsando a la competencia del mercado. Una vez esté englobada, la concentración de una mayor riqueza hará posible una mayor inversión, que a su vez proporcionará una ventaja tecnológica, y así sucesivamente. La acumulación de capital está en la genética del sistema neoliberal, y también en esto el mundo de la carne ha sabido abandonar el modelo familiar de granja con la misma facilidad con la que se tira una colilla por la ventanilla del coche mientras se viaja.

«Puede que no recibas el agradecimiento que mereces, ¡pero Tyson puede hacer tu trabajo un poco más fácil!». Así reza una serie de anuncios en los que aparece una madre entregada a la labor de alimentar a sus hijos adolescentes y a sus amigos —todos varones— de vuelta a casa después del colegio o embobados con los videojuegos. La madre les lleva una bandeja de *nuggets* de pollo fritos, un gesto que provocará en los chicos una gratitud sin límites. Aparte de la explícita y discutible identificación de «alimentar a la prole» = «trabajo» = «madre», Tyson se afana en relacionar su imagen con la de una madre de familia que podría ser nuestra vecina. Una sensación de cuidado, de amor al que uno puede entregarse con los ojos cerrados. Es una pena que, como hemos visto, hoy en día sea la segunda multinacional más grande del mundo y tenga muy poco de maternal.

Al igual que otros conglomerados modernos, sus orígenes se remontan a la iniciativa empresarial de un cabeza de familia, John W. Tyson, que decidió escapar de las garras de la Gran Depresión trasladándose a un pequeño pueblo de Arkansas en 1931 y poniendo en marcha un servicio de reparto de pollos en su camioneta. El negocio va bien, la carne de pollo no está sujeta a racionamiento durante la Segunda Guerra Mundial y John decide expandirse y empezar a preparar él mismo el pienso para sus pollos y los de otros competidores. Pero ese es solo el primer paso hacia el éxito. 1947 es el año de otra adquisición con Hatchery Inc., que se dedica a la selección genética de nuevas aves. Ahora el patriarca Tyson se dedica también a la venta de pollitos, además de a los servicios de alimentación y al transporte de animales. Gracias al afán expansionista de su hijo Don, se dio cuenta de la importancia de ir más allá y empezar a absorber a la competencia. Don supervisa, en la década de 1950, la construcción del primero de los miles de mataderos que poseerá, la cotización pública a partir de la cual «comenzará una aventura de adquisiciones que expandirán la Tyson Foods en todas direcciones» (cita de su página web). El relato del hombre que pasa de vender con una camioneta a tener un imperio multimillonario, gracias a su esfuerzo y a su espíritu emprendedor, sigue firme en el repertorio de los bardos modernos. Pocos años después de su muerte, en 2011, *Forbes* reconoció a Don Tyson como uno de los mil hombres más ricos del mundo. No se puede, sin embargo, hablar de riqueza para más de la mitad de los condados rurales donde su empresa opera. Allí, en los últimos cuarenta años, el crecimiento de la renta individual ha sido más lento que en cualquier otra región del estado. En el libro *The Meat Racket,* de Christopher Leonard, que cuenta la historia de la familia Tyson y cómo se convirtieron en la potencia cárnica mundial en apenas unas décadas, se demuestra que en Arkansas, en casi todas las zonas rurales donde Tyson está presente, el nivel de bienestar económico es estadísticamente inferior a la media de todo el país.[23] Un detalle que no aparece en su laudatoria página web.

Reducir la competencia significa, por tanto, ganar más poder de mercado, lo que se traduce en poder económico y, por tanto, político. El problema es que aquí hablamos de alimentos. ¿Y cómo se traduce el poder cuando se trata de un bien fundamental para la supervivencia? ¿Cuáles son los riesgos cuando se concentra en unas pocas manos?

Si una competencia sana impulsa a ser innovador y a encontrar formas de reducir los precios para los consumidores, es probable que su ausencia provoque las consecuencias contrarias. Si soy el único en el mercado que ofrece un servicio, nada me impide subir los precios como me dé la gana, ya que quienes necesitan lo que ofrezco están obligados a recurrir a mí. Incluso suponiendo que haya otros competidores, siempre que el número sea limitado, es fácil ponerse de acuerdo sobre las ventajas que conlleva no declararse una guerra fratricida. Basta alguna que otra sobremesa, un rápido intercambio de mensajes no demasiado explícitos, un par de brindis, y se ponen de acuerdo en un precio por debajo del cual no irán, de modo que el botín sea mayor para todos. Es la misma lógica que permite los breves periodos de paz en los cárteles entre narcos u otros grupos criminales.

Cuando se sobrepasa cierto umbral de concentración del mercado, como en el caso de la carne —donde, precisamente, si sumara las caras de quienes llevan las riendas del imperio mundial apenas me daría para montar un equipo de fútbol—, ya no es necesario competir en precios para garantizar un balance positivo, como han descubierto por sí mismos quienes viven en el corazón del país del libre mercado.

En 2011, uno de los años de mayor contracción económica tras el estallido del mercado inmobiliario estatal, Tyson no solo logró obtener beneficios, sino que se permitió subir los precios. Todos sus productos de pollo subieron un 4,7%, los de cerdo un 15,2% y la carne de vacuno hasta un 16,9%. En el mismo año en que millones de familias estadounidenses se encontraron sin hogar y sin trabajo, tuvieron que gastar más de lo normal pese a lo poco que les quedaba para llevar comida a la mesa.[24] En tiempos de penuria económica, se puede renunciar a todo, pero no a la comida. O al menos, nunca del todo. Con esto cuentan las multinacionales de la alimentación; saben que, aunque suban los precios, los consumidores ya no podrán encontrar alternativas convenientes, pues la competencia virtualmente ha desaparecido.

Porque, para que la rueda siga girando, es esencial que el consumidor tenga siempre una sensación de control sobre su vida, y nada otorga esta sensación mejor que la libertad de utilizar como él quiere el dinero que tanto le ha costado ganar. Mejor dicho, se autoengaña y se convence de que es así como quiere gastarlo. Porque detrás de las más de sesenta marcas diferentes de productos a base de proteínas animales que hay en las estanterías de todo el mundo, en realidad se puede seguir la pista y llegar siempre a los mismos cuatro gigantes cárnicos estadounidenses.[25] En los videojuegos de exploración, el protagonista disfruta explorando nuevos mundos y dimensiones, recibiendo puntuaciones más altas si elige rutas alternativas o secretas. El jugador se ve recompensado con chutes de dopamina ante la idea de adentrarse en un territorio jamás rastreado, de ser el primero que ha podido descifrar el código del juego. Y sin embargo, cada *byte* ya ha sido pensado y diseñado por un programador desde el principio; las armas a nuestra disposición, los enemigos virtuales con los que interactuaremos, los diálogos que escenificaremos, todo está dentro de un entorno controlado, a pesar de que el objetivo del juego es hacer que nos olvidemos de ello. De igual modo, el mundo de la alimentación moderna nos engaña al hacernos creer que podemos movernos por un supermercado y orientar libremente nuestras preferencias. Y no solo en el mundo de la carne. En una encuesta realizada en 2021 por el diario *The Guardian* y la organización sin ánimo de lucro Food and Water Watch, resulta que, a pesar del muro de colores, sabores y formas ante el que nos encontramos cada vez que tenemos que elegir los cereales para el desayuno, el 73% son producidos por las mismas tres empresas, lo mismo que pasa con el 93% de las bebidas gaseosas. La ambición de libre albedrío de Erasmo de Rotterdam, declinada en cajas de alimentos congelados.

Pero no es un problema limitado a los países de renta alta. Porque, inherente al sistema económico capitalista neoliberal, está la necesidad de expansión continua. Para sobrevivir, es necesario encontrar siempre nuevos mercados y nuevas oportunidades para recortar costes y esquivar las normativas que se traducen en mayores gastos. No hay imperio sin un continente lo bastante amplio en el que moverse libremente, sin la existencia de nuevas colonias.

Limeatless: carne sin fronteras

Hay un último factor que ha hecho posible el auge de la industria cárnica tal y como la conocemos, convirtiéndola en una entidad global cuyas decisiones en una oficina de Hong Kong tendrán consecuencias inmediatas sobre el terreno en Iowa, Estados Unidos.

En febrero de 2013, la mayoría de los habitantes del Reino Unido leyeron de buena mañana la noticia de un escándalo que les arruinó el desayuno: los controles cruzados de diversos organismos públicos y privados encontraron restos de carne de caballo —entre el 60% y el 100%— en productos que en teoría eran exclusivamente de vacuno. Un puñetazo en el estómago especialmente sentido en los países anglosajones, donde el caballo se considera a todos los efectos un animal de compañía. El escándalo se despliega sobre el resto de Europa como los tentáculos de un pulpo. Si bien en un principio parece haberse identificado a la empresa responsable, la británica Findus, se afirma que la producción se subcontrató a otra empresa francesa, que a su vez se apoyaba en una fábrica situada en Luxemburgo, a la que abastecía una empresa radicada en Rumanía, donde en realidad la carne se sacrificaba a través de un intermediario chipriota y de otra empresa holandesa, etcétera.

El ejemplo del escándalo de la carne de caballo pone de manifiesto cómo el mercado de la carne ha tirado para donde más le conviene a la empresa. La apertura de los mercados a partir de los años setenta, el desmantelamiento de las últimas aduanas, la irrupción con fuerza en regiones del mundo recién liberadas del yugo colonial o de los bloques soviéticos hizo posible que quienes ya disfrutaban de una posición dominante en su mercado nacional se expandieran aún más. Deslocalizando los mataderos allí donde los costes de mano de obra son más bajos, importando piensos sin pagar aranceles ni antiguos impuestos desde lugares donde la reglamentación sobre el uso de herbicidas y abonos es más generosa, y por último, trasladando sus capitales y sus sedes a los lugares donde la legislación y el sistema fiscal les guiñan un ojo, han podido situarse en la cima de los mercados de todo el mundo.

Por tanto, las revoluciones tecnológicas, pero también la fértil corriente neoliberal que empuja a la eterna acumulación de capital, junto con los procesos de globalización y la apertura de mercados antaño cerrados como los del bloque soviético o China, han contribuido a sostener un crecimiento sin precedentes de la industria animal, cambiando para siempre el tejido social de regiones enteras. Así, el valor económico del continente cárnico en todo el mundo ha pasado de 65.000 millones de dólares en 1961 a —al menos— el triple, 176.000 millones, en la década de 1990, alcanzando los 366.000 millones en 2014 y los 838.000 millones en 2020.[26] Sin visos de detenerse.[27]

LOBBY EN LA CARNICERÍA

Lo primero es la barriga llena, y luego la moral.
BERTOLT BRETCH

Mejor para todos

Sin embargo, la epopeya de los gigantes de la carne parece tener un noble mérito. El de haber hecho de la proteína animal una mercancía a la que cada vez más gente puede acceder. La industrialización a través de las CAFO y la mecanización del sacrificio, la apertura de los mercados y la creciente eficacia de la producción han reducido los precios relativos de los huevos, la leche y la carne de cualquier animal. A pesar de las recientes subidas dictadas por la falta de competencia, estas tienen que ser desorbitadas para igualar la inaccesibilidad del pasado.

De 1980 a 2008, el precio de la carne picada para las hamburguesas disminuyó un 53%, mientras que el de la fruta y la verdura aumentó alrededor de un 45%.[28] Aparte del estancamiento de los salarios, la inflación y las comodidades que caracterizan la vida de los *millennials* y las generaciones posteriores, desplazar el consumo hacia los productos animales es incluso racional a corto plazo, si se quiere llevar algo a la mesa. Su bajo coste es difícil de catalogar como problemático, precisamente porque esto los hace accesibles, por lo tanto más democráticos y con más probabilidades de repercutir en la calidad de vida.

Si en la parte acomodada del mundo, en combinación con un estilo de vida cada vez más sedentario, los precios de ganga se traducen en una indulgencia exagerada que pagamos a ritmo de infartos y coronarias en huelga, en el resto del mundo la conveniencia significa tener la oportunidad de obsequiar a los hijos con la experiencia de un emblemático perrito caliente, o de añadir un poco de carne picada y especias a la monotonía de una dieta basada en gachas de mijo, o darle la vuelta a la receta añadiendo un muslo de pollo hervido a la sopa de lentejas y el chapati.[29]

Pero el mérito es solo aparente. Porque unos precios tan atractivos no pueden atribuirse solo a los milagros de las economías de escala y las nuevas tecnologías, ni siquiera a las absorciones empresariales y a las fusiones. Es necesario distinguir el precio de la carne de su verdadero coste. Porque, por cada dólar de producto animal en el mercado, parece que la industria impone un coste adicional a la sociedad de unos dos dólares, el doble.[30] Los costes se traducen en consecuencias medioambientales, sociales, políticas y económicas que no pueden pasarse por alto. Lo veremos con más detalle en las páginas siguientes.

¡Gracias por fumar!

En los asuntos de las grandes corporaciones cárnicas, llega un momento en que ya no basta con saber moverse dentro del propio mercado. Una vez alcanzada cierta masa crítica, es necesario abandonar los delantales blancos, ponerse traje y corbata y entrar en los salones políticos a través de los servicios de *lobbying* que ahora pueden financiar gracias a unos beneficios cada vez mayores. Ahí reside el verdadero secreto de su éxito. Gran parte del éxito de la industria animal procede precisamente de las actividades de los grupos de presión, es decir, de aquellas prácticas a través de las cuales los profesionales son capaces de influir en las instituciones políticas en su propio beneficio.

Un ejemplo de la capacidad de persuasión de las grandes multinacionales alimentarias es especialmente llamativo, quizá por nuestra familiaridad con el alimento en cuestión. En 2011, el Congreso de Estados Unidos decidió considerar la salsa de tomate con la que se cubre la masa de la pizza como equivalente a una ración válida de verdura para una dieta sana y equilibrada. ¿Por qué tomarse estas molestias que parecen carecer de todo sentido común? La ventaja es que, así concebida, la pizza puede circular libremente en los comedores escolares y los hospitales, sin ninguna restricción; es más, comer una porción ayudaría a cubrir las necesidades diarias de alimentos sanos. Y si algún padre receloso encontrara algo de lo que quejarse, las suyas serían protestas sin seguimiento. Los que hoy intentan presionar en sentido contrario, partidarios de una mayor regulación en favor de la salud pública y el sentido común, no lo tienen fácil para evitar que una ensalada sea sustituida por una pizza en una dieta sana. No hay más que ver los recursos de que disponen. En 2012, el Center for Science in the Public Interest, considerado el principal opositor del *lobby* del «agronegocio» en Estados Unidos, gastó la friolera de 70.000 dólares para contrarrestar prácticas y mensajes de la industria alimentaria considerados perjudiciales para la salud pública. Lástima que sea la misma cantidad que los grupos de presión de la carne despliegan cada trece horas dentro de su sistema.[31] Bastan dos días laborables del gran *lobby* de la industria alimentaria para echar por tierra un año de duro trabajo de los opositores.

Su fogosa potencia, durante décadas, no ha tenido rival. El poder económico facilitado por las innovaciones tecnológicas y la concentración de toda la cadena de producción, la expansión mundial y el apetito de nuevas clases medias en todos los continentes, no habrían sido posibles si parte de los beneficios de la industria cárnica no se hubieran invertido cuidadosamente en mensajes que llegaran a los consumidores —la carne es buena para comer y pensar— y a los políticos y órganos legislativos capaces de influir en las reglas del juego.

Aunque gran parte de su energía la invierten en asegurarse de que no se les culpe de daños medioambientales, y en que se pueda reducir, migaja a migaja, cualquier protección laboral de sus empleados, y en encontrar el modo de entrar en los mercados extranjeros sin restricciones, el despliegue de su artillería pesada tiene otro propósito: el de garantizar la continuidad de millones de subvenciones estatales en sus cuentas bancarias. De hecho, la industria animal recibe cada año diversos tipos de financiación estatal o comunitaria procedente de los bolsillos de los incautos contribuyentes. Las subvenciones adoptan muchas formas: financiación directa, exenciones fiscales o ayuda práctica, como ofrecer lugares controlados por el Estado para vender sus productos si los precios son demasiado bajos; es el caso de cárceles o comedores escolares, donde no se arriesgarán a críticas negativas si la calidad no satisface los paladares de los comensales.

No se bombardea con hormonas solo a los animales de granja. Las empresas están dopadas con ingresos multimillonarios que conllevan la imposibilidad de competir en igualdad de condiciones para quienes no logran obtenerlos. Si todo esto parece ser una contradicción con la epopeya del héroe solitario y la necesidad de un mercado libre de interferencias estatales, es porque eso es exactamente lo que es: el libre mercado, a día de hoy, en el contexto capitalista global, no es más que una criatura mitológica.

Hay dos tipos de subsidios sobre los que merece la pena detenerse. Los primeros son los que financian las semillas y los cereales que acaban en los cebaderos de animales, que veremos en las próximas páginas; los segundos son los destinados a los mensajes promocionales, a las directrices sobre lo que constituye una dieta equilibrada, al *packaging* de productos que, sin el envase, solo causarían repulsión, y a los fondos de investigación que se cuidan de que los resultados no perjudiquen a los beneficios. El debate nutricionista sobre la salubridad de los productos animales es muy acalorado, y no es fácil desenvolverse entre mensajes a menudo contradictorios e impregnados de presupuestos ideológicos. Sin embargo, desde hace medio siglo, es cada vez más evidente, incluso para el sentido común, que una dieta basada en productos animales procesados, sin ninguna o casi ninguna integración de vegetales y sin ejercicio, no es precisamente una pócima que promueva la longevidad. Que los fondos públicos de los contribuyentes, utilizados por valor de miles de millones, favorezcan el consumo de tarrinas de queso que se funde en hilillos, de huevos y de hamburguesas que se despachan como óptimos para la salud es algo como mínimo discutible, y es un indicador del poder de la industria, tanto para imponer los mensajes que la favorecen como para ocultar los que pueden perjudicarla.

Basta con echar un vistazo a las directrices de las agencias que se ocupan de la nutrición —a menudo financiadas por las propias industrias alimentarias—, donde ponen mucha atención en advertir de los riesgos del colesterol o las grasas saturadas, pero se cuidan muy mucho de no citarlos nunca en los alimentos en los que es más probable encontrarlas, es decir, los de origen animal.[32] «Limitar la manteca de cerdo al mínimo» o «Cinco huevos crudos en el desayuno no son una buena idea, aunque te despiertes con el aspecto de Rocky Balboa listo para entrar al cuadrilátero» tal vez serían formas más inmediatas de llegar al lector, pero también serían, sin duda, las formas más rápidas de conseguir una carta de cese y desistimiento por parte de los abogados de la industria. La anestesia de la abstracción permite viajar por aguas más tranquilas. El lenguaje se convierte en el hábil prestidigitador que esconde miles de conejos en la chistera.

En el caso de la industria del tabaco, después de años de batallas legales, se consiguió que aquella asumiera parte de los costes públicos que ocasionan sus productos, a través de un aumento de los impuestos. En el caso de la industria animal, no es tan fácil construir un nexo causal lineal entre consumo y aparición de una determinada patología. E incluso cuando es posible, como en el caso de los refrescos carbonatados y la aparición de diabetes y otras enfermedades debilitantes, han fracasado los numerosos intentos de aumentar los impuestos para desincentivar el consumo y para que absorbieran los costes de las consecuencias. ¿Son los litros de cola o es la genética? ¿La falta de ejercicio o la grasa del tocino? En una extendida dinámica comportamental en la que varios elementos actúan tirando cada uno para un lado, no es fácil desenvolverse.

Sin embargo, se calcula que, al margen del estilo de vida del individuo, la industria animal estadounidense, el país donde más calorías animales procesadas se consumen en el mundo, genera a la sociedad unos costes sanitarios de 600.000 millones de dólares cada dos años. Cosa que no se da a conocer, gracias a su capacidad de persuasión. Esto pone sobre la mesa la cuestión de cómo se utilizan los recursos públicos para apoyar una industria que, fijándonos bien, arroja un balance negativo para la sociedad. En términos cuantitativos, para hacernos una idea, las subvenciones dirigidas a la industria cárnica cada año en Estados Unidos podrían cubrir la mitad de las ayudas a los parados de todos los estados de la Unión.[33] En un contexto de crisis económica global, en el que los servicios públicos, ya desmantelados tras años de neoliberalismo, se contraen cada vez más, semejante vertido de recursos en bolsillos ya llenos, y discutibles, debería ser objeto de un debate colectivo más amplio.

Invirtiendo un dólar en donaciones políticas, las grandes multinacionales de la carne consiguen un retorno en términos de subvenciones de más de dos mil dólares. La inversión de más de cien millones de dólares anuales a sus grupos de presión se convierte así en una elección estratégica para mantener el *statu quo,* con rendimientos muy elevados. No es solo gracias al poder de engullir a la competencia e influir en algunas leyes en materia de bienestar animal, el florecimiento de las multinacionales alimentarias se debe en gran medida, precisamente, a su capacidad de absorber tantos recursos públicos. Y esto es importante saberlo, no tanto para orientar nuestro consumo, sino para exigir un cambio de rumbo político más radical.

La banca está amañada, ahora debería quedar claro. Y por muy atractivos que sean los cuentos de hadas del éxito, la victoria no es cosa de los más hábiles, de los más trabajadores o de los más ingeniosos, sino de los que consiguen rodearse del mayor número de políticos apostados tanto en Washington como Bruselas.

Sin embargo, creo que es importante hacer una aclaración. Al describir las prácticas en diversos grados de legalidad y moralidad de las industrias animales, no quiero caer en la trampa de describir al villano de una historia de cómic, de revelar sus movimientos en la oscuridad de los despachos a puerta cerrada, de pintarlo como un ente moralmente cuestionable. Eso sería demasiado fácil. Un acto de absolución para nosotros mismos mientras mojamos nuestros *nuggets* de pollo en una salsa ocre. Señalamos con el dedo y esto es lo que hacen los poderosos sin que nos demos cuenta.

El objetivo de los próximos capítulos será precisamente mostrar cómo la industria cárnica no es una desviación oculta del sistema ni una excepción que deba corregirse. Es la continuación lógica de un proceso que comenzó en algún lugar de Inglaterra hace más de dos siglos, cuando se decidió privatizar la tierra comunal y poner en marcha el proceso industrial capitalista tal como lo conocemos hoy, empujando a masas de desposeídos a los centros urbanos, convirtiéndolos en proletarios y causando que todas las formas de existencia se convirtieran en objetos de intercambio, alejadas de todos sus lazos de identidad y afectivos.

Estas páginas no pretenden ser una exposición de una desviación, sino más bien un ejercicio que haga visible aquello que de hecho ya nos rodea pero no queremos darnos cuenta. El mundo de la carne moderna, del que cada uno de sus aspectos es estudiado, desmenuzado, desfibrado y explotado con la máxima intensidad para que contribuya a la creación de beneficio, representa la norma dentro de la arquitectura capitalista que hemos creado en los últimos siglos, con una buena aportación de las ideas ilustradas que han situado al hombre en el centro, entendido como ser racional, único protagonista de una fábula de progreso, considerado en su dimensión tecnológica y científica más que en la social. Como mente, pensamiento, y nunca como cuerpo, relación y encuentro. Pero todo este antropocentrismo empieza a pasar factura.

BESTIAS DE CARGA

La historia de la industrialización ha sido la de una lucha continua (que hoy día adopta una forma incluso más acentuada y vigorosa) contra la característica de «animalidad» del hombre. Ha sido un proceso ininterrumpido, a menudo doloroso y sangriento, para someter los instintos naturales (esto es, animales y primitivos) a los nuevos hábitos, más complejos y rígidos, del orden, la exactitud y la precisión.

Antonio Gramsci

Información confidencial

La imagen bucólica de la granja pierde, uno por uno, todos sus figurantes, caídos ruinosamente bajo el rápido ritmo de la industrialización. La desaparición de la casa de la pradera ya se ha completado. Solo queda un elemento por borrar de la imagen. La figura del agricultor. La intensificación y mecanización de los procesos de producción, junto con el creciente poder económico en manos de unas pocas empresas, hizo que perdieran progresivamente toda su autonomía. Si antes los agricultores podían considerarse profesionales autónomos, jefes de sí mismos y dueños de su tiempo y de sus animales, ahora en el aire se respira de nuevo un aire feudal gracias a la «agricultura por contrato».

Los márgenes del libre albedrío son muy estrechos. Mientras que quien se pasea por las estanterías iluminadas con luces de neón de un supermercado se hace ilusiones, acunado por el hilo musical, de encontrarse ante diferentes marcas a las que les corresponde una diferencia ontológica de los productos que elegirá, el agricultor ya sabe a quién tendrá que dirigirse para comprar huevos o pollitos, o para la compra de lechones o terneros, que será la misma persona a la que comprará el pienso, los antibióticos… Tal vez el nombre impreso en los camiones que vendrán a recogerlos unas semanas más tarde, cuando estén listos, sea diferente, pero la empresa que hay detrás es la misma.

Los mataderos son como hospitalarios anfitriones; sea cual sea el estado de los recién llegados, sus puertas están siempre abiertas. Los miembros rotos, las preñadas, incluso los terneros nacidos en los camiones son bienvenidos. Incluso los considerados viejos y enfermos, a pesar del mayor riesgo de enfermedad para la salud humana, son admitidos tras una rápida revisión de la dentadura. Viejos… En realidad ningún animal llega a la edad adulta en la industria cárnica. Ya con los primeros indicios de pubertad, son empujados al resplandor del corredor de la muerte. Los cerdos, que vivirían hasta quince años en libertad, ya a los seis meses son hacinados en esos camiones que de pequeña me llenaban de curiosidad cuando nos adelantaban en la autopista durante las vacaciones familiares; las gallinas, que vivirían hasta diez años en su hábitat natural, se van cuando tienen entre siete y dieciséis semanas; un destino similar se reserva al ganado vacuno.

Sin embargo, la entrada en los mataderos no es tan libre como parece, los pedigríes permitidos son solo un puñado. Estrictamente Duroc, Landrace y Yorkshire, para los cerdos, Cornish para los pollos de engorde y Livorneses para los huevos. La consigna es siempre la misma: el estándar. Quien no lo respeta no puede sentarse a la mesa de los grandes.

Los animales se convierten en lugares y archivos de valores culturales, y las razas son más políticas de lo que podría pensarse a primera vista. En Haití, en los años setenta y ochenta, el Gobierno estadounidense, bajo la bandera del progreso y el desarrollo, decidió unilateralmente que era hora de deshacerse de los pequeños cerditos oscuros que habitaban la isla, los *kochon kreyol,* utilizados por las familias locales como un seguro contra los tiempos difíciles, pero también usados en los abundantes rituales cristianos y vudú. Los lugareños tenían que hacer sitio a las enormes y flácidas variedades rosadas de la industria del Norte, y no querían arriesgarse a ninguna contaminación entre tipos: los unos acostumbrados a hozar libremente entre las calles y la basura, los otros tan frágiles como el cristal, hasta el punto de que un ruido repentino puede matar de un infarto a decenas de ellos, por no hablar de los riesgos de dejarlos durante un par de horas al aire libre. Estados Unidos encontró la manera de financiar al régimen de Duvalier para llevar a cabo su exterminio total. La comparación entre los resistentes cerditos oscuros, que se las arreglaban con lo que encontraban, y los indolentes cerdos blancos, frágiles y necesitados de cuidados, no pasó inadvertida a la población local, que intentó sin éxito resistirse para mantener su soberanía alimentaria y cultural. Cuando se completó la masacre, el fracaso de quienes la habían llevado a cabo también fue evidente. Los recién llegados no pudieron adaptarse a las condiciones locales, las familias que los recibieron como compensación lo perdieron todo y, en poco tiempo, las calles se llenaron de los desechos que antes se comían los cerditos locales. Las que salen ganando son las grandes empresas que han invertido en plantas idénticas a las de sus localidades y disfrutan de la financiación y las facilidades de un Gobierno que bendice la llegada de la modernidad extranjera, añadiendo una pieza más a la ruina de su pueblo.

En Haití, como en casi todo el mundo donde se ha implantado la gran industria, el animal pasa de la cuna a la tumba bajo el paraguas del mismo *holding,* gracias a los procesos habituales de verticalización. Solo una fase ha permanecido fuera del interés de las grandes empresas, la que se considera más arriesgada y en la que es más difícil obtener márgenes de beneficio: la cría.

La elección por parte de la industria de dejar esta fase fuera de su control directo no es casual. Y la razón hay que buscarla en el hecho de que, a pesar de todos los intentos de estandarización y mecanización, los animales siguen sin ser objetos físicos. Son cuerpos y tienen comportamientos variables que escapan a la precisión láser de los códigos que puede calcular una pantalla. Pueden enfermar, morir o no crecer como deberían. Dejando fuera la fase en la que el animal pasa de ser cachorro a ser carne de matadero, estos riesgos recaen sobre los hombros de los ganaderos.

Por otra parte, el poder de gigantes como Tyson o Perdue hace que, aunque una empresa se comprometa a firmar un contrato de exclusividad con un criador, nada le impida rescindirlo de la noche a la mañana sin ningún tipo de explicación ni indemnización si lo considera rentable. Con toda probabilidad, el criador habrá pedido préstamos multimillonarios para comprar naves lo bastante grandes para albergar miles de pollitos, la última tecnología en bebederos automáticos, luces térmicas, deshumidificadores con control remoto. De un día para otro, si las hojas de Excel de la casa madre así lo deciden, podrían encontrarse con una sola perspectiva, la de la quiebra.

Los ganaderos del sistema intensivo se asemejan al héroe de una tragedia griega: independientemente de sus acciones, de que trabajen siete días a la semana, de que gasten sus ahorros en la última tecnología, de que pidan a parientes y amigos que les echen una mano extra, y de que pasen noches en vela ideando nuevas estrategias, el destino les aguardará inquebrantable en el umbral de la perdición.

Tomemos de nuevo como ejemplo el sector avícola. Las variables más importantes en las ganancias de un criador de pollos de engorde son dos: el peso que coge cada pollito mientras está a su cuidado y el número de pollitos que sobreviven hasta que los camiones de la industria vienen a recogerlos para llevarlos al matadero. El criador cuidará de que las temperaturas sean las adecuadas, de que haya suficiente recambio de aire e intensidad lumínica y de que reciban todo el grano que necesiten en las pocas semanas de estancia en sus instalaciones, para que crezcan lo máximo posible en el tiempo previsto. Aquí termina el territorio bajo su control.

Antes se iba a las ferias a comprar el mejor ganado que garantizara rendimientos ganadores; ahora, el granjero recibe lo que decide la empresa madre. El conjunto concreto de pollitos que se descargan en cajas desde los distintos camiones a primera hora de la mañana depende de un algoritmo. A veces, el algoritmo asignará a ese granjero concreto nidadas de pollitos hijos de gallinas que aún son jóvenes y fuertes. A su vez, estos polluelos serán más resistentes, tendrán más probabilidades de crecer bien y sobrevivir, lo que dará al granjero ganas de otra ronda. Otras veces, no tendrá tanta suerte, y llegarán pollitos de gallinas agotadas. Serán débiles y macilentos, y a pesar de todos los cuidados caerán como moscas por docenas antes de lo que deberían, antes de convertirse en la paga mensual. Como todo se juega siempre con márgenes de ganancia mínimos, siempre al borde de la quiebra, quien elige qué pollitos van a qué granjero decide también su destino económico.

A lo largo de los años, los grandes oligarcas de la carne han sido muy hábiles a la hora de recrear una especie de «Juegos del Hambre» entre los ganaderos. En el sangriento juego a muerte de la saga creada por Suzanne Collins, parejas de participantes de distintas provincias del mundo se enfrentan con el doble objetivo de sobrevivir y matar a todos los demás. Un baño de sangre que sirve de catarsis para el resto de la sociedad. La misma lógica impregna las jornadas laborales de los rancheros en las redes de las multinacionales: su victoria solo está garantizada si todos los demás caen. En términos prácticos, esto se traduce en que los que son más productivos pueden aventurarse a un precio más alto, que, sin embargo, no procede de los recursos de la empresa, sino que se deduce del precio final ofrecido a otros ganaderos de menor rendimiento. Leer sobre las condiciones de trabajo de los ganaderos, donde se da esta extraña disonancia entre inversiones de cientos de miles de euros y medios de vida en el umbral de la catástrofe, nos obliga a preguntarnos cómo es posible que no haya revueltas, ni acciones colectivas, ni horcas amenazantes levantadas al cielo.

Esta es una de las consecuencias de la falta de competencia, del poder de la industria para inserirse en los clubes deportivos financiando al equipo de fútbol local, en las escuelas de los hijos de los empleados sufragando los gastos de las aulas de informática o de los gimnasios en mal estado, en la organización de las ferias de los pueblos, en aquellos descampados donde el Ayuntamiento a menudo se ve obligado a elegir entre acoger a la industria cárnica o acceder a la construcción de cárceles privadas o plantas de eliminación de residuos tóxicos. Cada intento de revuelta es cortado de raíz por el poder de las empresas que operan en todo el territorio con equipos de abogados capaces de hacer retroceder incluso a los servidores públicos más motivados.

Un ejemplo de cómo impiden el intercambio de información entre ganaderos —o al menos evitan que los ganaderos puedan utilizar este intercambio para organizarse y unirse contra prácticas desleales como el reparto arbitrario de animales de menor calidad o el fomento de la competencia dentro del grupo— es el recurso al secreto industrial. Los ganaderos no pueden saber qué factores se han tenido en cuenta a la hora de elegir el precio que reciben por cabeza, cómo ha conseguido otro ganadero un determinado resultado o por qué la industria ha optado por recortar su retribución de forma totalmente arbitraria. Las palabras «información confidencial», que aparecen en todos los sobres de las nóminas, indican que hablar de ello con otro ganadero sería divulgar información sensible de la empresa e incurrir en costosos procedimientos penales.[34]

El destino de los ganaderos está ligado al de los agricultores que cultivan el maíz y la soja que acabarán siendo la comida de su ganado.

Al igual que ellos, los agricultores también tienen que lidiar con las directivas de las grandes empresas de fertilizantes, semillas y pesticidas, que a menudo coinciden. Al igual que los ganaderos, tampoco tienen voz ni voto en el precio al que pueden vender sus productos, que se decide a miles de kilómetros, en los altos despachos de Chicago y Hong

Kong. Como el dibujo de un niño, los márgenes dentro de los cuales colorear son precisos y rígidos, inviolables por el individuo, bajo pena de ser exiliado del mercado.

Los almacenes cada vez más grandes, los campos sin límites, los tractores titánicos que sirven para mejorar los rendimientos y vencer a la competencia se convierten a su vez en hilos de una telaraña de la que es imposible salir. Por supuesto, cuanto más se expande uno, mayor es la ganancia potencial, pero al mismo tiempo crece el riesgo de quiebra. En caso de caída generalizada de los precios de compra, ya se trate de silos llenos de quintales de maíz o de miles de pollos listos para el matadero, en ambos casos, tanto los agricultores como los ganaderos se enfrentarían al dilema de dónde dar salida a una producción tan ingente. Ningún mercado local, ningún comedor escolar, hospital o Ayuntamiento del condado podría absorber toda esa comida. Y aunque fuera posible, el número de molinos o mataderos independientes no sería suficiente para procesar toda esa materia prima. Los productores se verían entonces obligados a vender sus productos a cualquier precio con tal de limitar sus pérdidas.

El control de las multinacionales es firme. Una vez alcanzado cierto punto, no hay escapatoria para los productores. Para hacer frente a unos márgenes de beneficio cada vez más reducidos, la única estrategia si quieren mantenerse a flote es la de crecer cada vez más. Para ello, es necesario invertir recursos, que en la mayoría de los casos derivan de préstamos. Una vez que uno se ha endeudado, resulta crucial ganar más que antes para devolver no solo las deudas, sino también los intereses. Entonces hay que seguir invirtiendo, endeudarse y volver a invertir. Se cae entonces en una vorágine sin fin que se mantiene peligrosamente en equilibrio por las cimas de la bancarrota. El carácter evanescente de la independencia económica en el mundo de la producción alimentaria es una de las características que comparten los campesinos y agricultores del Norte con los del Sur, con la diferencia sustancial de que, para los primeros, estar al borde de la quiebra financiera no se corresponde automáticamente con enfrentarse a la hambruna negra.

El infierno del matadero

Pero, por dura que sea, la situación laboral de los ganaderos no es la peor que puede encontrarse en el mundo de las proteínas animales. Para llegar a la última etapa del mundo de la carne, es necesario salir y abandonar los almacenes de las explotaciones ganaderas intensivas, antesala de la parte más oscura y mortífera, y dirigirse hacia los mataderos industriales, también conocidos eufemísticamente como «plantas de procesamiento de carne».

Ya no son granjas, sino fábricas. Donde la vida ya no es vida y la muerte ya no es sagrada. Cuanto más se adentra uno en la jungla metálica en la que se mantiene a los animales en las granjas intensivas, más deja atrás esa apagada serenidad que solo puede proporcionar una ignorancia cuidadosamente cultivada.

El recuerdo de mi primera vez en un matadero es como un sueño inquieto. Una amiga periodista iba a participar en una visita guiada a una famosa fábrica de embutidos de la región de la Romaña. Yo estoy por ahí de paso y decido hacer la visita despreocupadamente. Con la misma levedad me pongo la colorida gorra con la que nuestro guía nos obsequia a la entrada de la empresa. Me dispongo a entrar en un lugar de desmembramiento organizado con la ligereza de quien visita un museo. Convertidos oficialmente en mascotas de la marca, el resto del grupo y yo nos ponemos en marcha, listos para la visita. Entramos en una pequeña sala con un monitor encendido, donde siguen quince minutos de propaganda interminable sobre los orígenes humildes de la familia fundadora, sobre las intuiciones empresariales que condujeron al éxito que estamos a punto de presenciar y, por último, sobre el amor genuino del fundador por sus lechones, los héroes en la sombra de toda la narración. El hecho de que la empresa fuera adquirida hace años por uno de los mayores *holdings* del sector de la matanza de cerdos, con sede social a miles de kilómetros de donde la familia fundadora puso la primera piedra, es un detalle por lo visto irrelevante, aunque reconozco mi mala fe al haber querido comprobarlo sin esperar siquiera a que llegaran los títulos de crédito del documental.

Antes de iniciar el recorrido, el guía insiste en la importancia de seguirlo a cada paso; las desviaciones podrían convertirse en un peligro para nuestra salud, dada la abundante presencia de cuchillas y cuchillos, y para la salubridad de los productos, ya que evidentemente no alcanzamos los altísimos estándares de higiene de la empresa. Además de las recomendaciones del guía, es el recuerdo del nefasto destino de los niños ganadores del concurso de Willy Wonka en su fábrica de chocolate lo que actúa como elemento disuasorio de cualquier otra tentación investigadora. Vestidos con un ligero mono blanco, de repente la fuerza unificadora del uniforme se apodera del grupo, borra cualquier reticencia y nos carga de entusiasmo por la receta secreta del alabado embutido del vídeo que acabamos de ver.

Una puerta automática se abre delante de nosotros y nos absorbe hacia las zonas de procesamiento. Ni siquiera tenemos tiempo de concentrarnos en la sala cuando la primera bofetada toma la forma de un inesperada y brutal oleada de frío. Es un cálido día de junio y mi ropa fina y ligera deja escapar todo mi calor corporal en cuestión de minutos. En su lugar, una cadencia de cuchillas heladas se abre paso hasta mis huesos. Observando el nivel general de entumecimiento, el guía se apresura a explicar que las temperaturas se mantienen al mínimo para evitar la propagación de agentes patógenos y facilitar la conservación de la carne. Se nos ofrece, en definitiva, una criogénesis inesperada.

Pero otros dos elementos contribuyen a inclinar el plano de mi conciencia hacia un estado de alienación y desconexión. La luz artificial, que desprovista de resplandor muestra el mundo en toda su definición, aplanándolo en una escala de blancos y plateados que reflejan los mostradores metálicos; y el traqueteo ondulante de la maquinaria y el chirrido penetrante de las cintas que transportan hígados rebosantes. Esta sinfonía se intercala con el sonido metálico de las cadenas que se llevan los descartes y el tintineo de los ganchos que empiezan a chocar unos contra otros en el momento en que se liberan de sus cargas. Un zumbido hipnótico continuo que hace difícil mantener el hilo de los pensamientos. Combinado con las temperaturas polares, el blanco neón del quirófano y los continuos temblores metálicos, en pocos minutos parece que atravesamos una grieta espacio-temporal, para acabar en un limbo ordenado y aséptico, otra dimensión de la que, sin embargo, uno siente la necesidad de desconfiar.

Seguíamos los pasos de la transformación. Los cortes de carne pasan de ser reconocibles en su forma anatómica, una pata, medio pecho, una paletilla deshuesada, a convertirse en aglomerados de músculos cada vez más anónimos. Cada paso los aleja de sus rasgos originales de bestia, acercándolos a las formas familiares que se encuentran en el mostrador de una carnicería, un filete, un lomo, una carne picada. Cuanto más se pica la carne, más parecen encogerse los encargados de cortarla. El primer trabajador que tenemos delante es un hombre imponente; las costuras de su delantal parecen vibrar y amenazan con romperse con cada movimiento. Sus hombros son firmes, y permanecen así a pesar de los enormes cadáveres de cerdo que carga tras descolgarlos de los grandes ganchos metálicos en los que penden. Coloca los miembros sobre el mostrador y rompe con un hacha huesos y articulaciones, como si fueran colines de pan desmenuzables, haciendo resonar en la sala esos «cracs» decididos. A continuación, repite el mismo movimiento, pero a la inversa. Como si rebobinara a cámara lenta, el hombre vuelve a cargar los cuerpos maltrechos sobre sus hombros y los cuelga de otros ganchos, para empezar de nuevo con otro pobre desgraciado.

Todos los trabajadores se encuentran en una posición bien definida, ocupados en realizar ciertos gestos infinitas veces a un ritmo rápido. De vez en cuando levantan brevemente la vista cuando pasamos por su lado, sin detener el trabajo de las manos ni la torsión del busto. Una sensación incómoda de la que es difícil librarse invade las distintas salas, y no por los trozos de carne que desfilan ante nuestros ojos. La barrera de las diferentes clases sociales que representamos en ese momento se interpone entre nosotros, creando una sensación de distancia insalvable. Una distancia que solo se manifestará con toda su claridad unos años después de nuestra visita, cuando una pequeña localidad alemana de menos de cien mil habitantes, Gütersloh, a medio camino entre las ciudades de Hannover y Düsseldorf, se convierte en junio de 2020 en el punto de mira de la prensa mundial. La zona, sede del mayor matadero de Europa, se convierte en pocos días en uno de los mayores focos de propagación del coronavirus, con un máximo de 1550 positivos entre los 7000 empleados. Los alrededores de la fábrica fueron vallados y puestos en cuarentena, pero el asunto logró escapar a las fronteras regionales, arrojando luz sobre las verdaderas condiciones de trabajo en esos lugares que garantizaban que el resto del país se pudiera empapuzar de *bratwurst,* de tan baratos como estaban.

Turnos de dieciséis horas, deducciones arbitrarias de los salarios, sin protección social, sin continuidad laboral, por nombrar solo algunas. Nada que no se supiera ya, pero ahora los turnos de trabajo hombro con hombro, el mal funcionamiento de los sistemas de ventilación, las temperaturas bajo cero, los desplazamientos en autobús para llegar a las instalaciones todos a la vez, el ruido constante que obliga a levantar la voz y bajarse las mascarillas de protección para poder comunicarse con el vecino, y las condiciones precarias de alojamiento se convierten en factores de propagación que traspasan las paredes del matadero.[35] La razón que permite semejantes condiciones de trabajo en el corazón del Europa tiene un nombre: subcontratación. Patrón de oro de la industria cárnica: son las distintas empresas de trabajo temporal, cooperativas y subcontratas las que gestionan y contratan a los empleados en lugar de las grandes multinacionales de las que dependen. En Europa, los trabajadores proceden cada vez más de países del Este o de países no europeos y, a su vez, los subcontratistas se remiten también a marcos reglamentarios y legislativos no europeos, a menudo menos proteccionistas que los de los países de acogida. Al primer indicio de problema jurídico, se dispersan como cucarachas sorprendidas cuando se enciende la luz, para reformarse tras nuevos bautismos y sin antecedentes penales. Las grandes empresas se lavan las manos, atribuyendo toda la responsabilidad a la cooperativa ahora disuelta. Los ingredientes de las recetas neoliberales ya están todos ahí: la desregulación, la menor capacidad de los organismos gubernamentales para controlar y hacer cumplir las normas, el paso de las obligaciones legales a la aplicación voluntaria, el declive de instituciones protectoras como los sindicatos, las exenciones fiscales y las represalias unidireccionales contra los trabajadores.

En la nueva economía global, la cadena cárnica también está muy desarticulada. El único límite sigue estando en el transporte de animales vivos, tanto por razones de bienestar —por ley no pueden viajar más de ocho horas seguidas— como para evitar la propagación de virus como la peste porcina, que amenaza cada año con destruir rebaños enteros de miles de animales en el mundo. Sin embargo, dentro de la Unión Europea asistimos a una creciente integración de los mercados. Los lechones nacidos en Dinamarca se llevan a Polonia, donde se engordan a menor coste. Otros, criados en Holanda, se convierten en jamones de Parma, basta con que se sacrifiquen en la parcela de tierra adecuada. Las políticas laborales de un país se entrecruzan con las tasas de empleo de otro. Pero estos equilibrios son fáciles de perturbar, como demuestra la desesperación de los ganaderos y la de los mataderos británicos, faltos de mano de obra a causa del Brexit. La periodista de la BBC Tomasin Ford recoge la desesperación de algunos de ellos en un episodio del pódcast *The Food Chain.* El Brexit, al dificultar la entrada y permanencia en suelo británico, ha creado una grave escasez de mano de obra en los mismos sectores que antes dependían de personal de Europa del Este u otros países de renta baja, poniendo a la industria alimentaria de rodillas. En los campos, las frutas y verduras maduras para la venta se dejan pudrir porque no hay personal suficiente para recolectarlas y procesarlas. Pero para la industria animal es aún peor. La voz de dos enérgicas hermanas propietarias de una granja porcina se derrumba ante la perspectiva de tener que sacrificar miles de animales sanos porque los mataderos, ahora sin personal, no pueden recibirlos. Paradójicamente, aunque decidieran esperar para venderlos en tiempos mejores, los cerdos están ahora genéticamente programados para ganar peso tan rápidamente —más de un kilo al día— que en las semanas y meses de espera se harían demasiado grandes para poder ser manejados en entornos donde todo está hecho a medida. Ni siquiera los minoristas o supermercados podrían comprarlos, porque los cortes no cabrían en los envases estándar ni en los mostradores refrigerados tal como están preparados. La absurdidad de un mundo programado para generar beneficios, en el que después de gastar recursos y energía en criar lechones hay que sacrificarlos y destruirlos, no tiene fin.

Afortunadamente, el asunto del matadero de Gütersloh hizo imposible seguir mirando hacia otro lado. Pocos meses después, Alemania votó a favor de la Ley de Inspección de Seguridad y Salud en el Trabajo, que prohíbe la práctica de la subcontratación en el sector del sacrificio de carne, ley aprobada en diciembre de 2020. La pandemia obligó a destapar una situación que se pretendía mantener fuera de los focos. Pero la disidencia del sistema aún está lejos.

A nivel global, la industria animal sigue siendo la que registra una mayor rotación de empleados, que en algunos casos alcanza el 100% anual. La cadena de (des)montaje de un matadero puede cambiar por completo de un año a otro. Tal variabilidad es sintomática de la insostenibilidad de las condiciones de trabajo en un lugar que se mueve a ritmo de sangre y sufrimiento. La continua rotación va en detrimento de la clase trabajadora, complicando cualquier intento de unión sindical, que además se ve obstaculizada formalmente. Esto se refleja también en la perspectiva salarial en continuo declive. Mientras que en los años sesenta el salario medio en Estados Unidos rondaba los veinte dólares por hora, ahora se ha desplomado hasta los once dólares, al neto de la inflación y el aumento general de los precios. El proceso de intensificación y mecanización de la producción ha hecho que estos puestos se consideren cada vez menos especializados —solo hay que apretar un botón, solo hay que hacer dos cortes perpendiculares, solo hay que descolgar el jamón— y que, por tanto, pierdan su valor.

Pero por muchos esfuerzos que se hayan hecho para estandarizar la genética de cada animal, el tamaño, el trabajo dividido en fases idénticas y repetibles, la industria no puede prescindir de la variable humana, capaz de interceptar la variación inherente a cada animal individual y ponerle remedio. Tratándose de seres vivos, el cambio, lo imprevisto, el evento que rompe la rutina son la norma, a pesar de ser tratados con excepcionalidad. En el libro *Porkopolis,* el autor Alex Blanchette describe su experiencia en el interior de las naves de gestación de cerdos, los meses que pasó junto a otros trabajadores con pasados oscuros y orígenes diferentes, pero unidos por la convivencia diaria con miles de compañeros gruñones. Las naves dedicadas a la inseminación y la gestación son mundos aparte de las simples granjas de engorde. Se aplican reglas diferentes; allí el aire está impregnado de hormonas, a menudo controladas artificialmente y rociadas por los propios operarios, y una mirada o un ruido repentino pueden provocar el aborto de decenas de animales al mismo tiempo. Aquí, las cerdas son inseminadas por los trabajadores en un ciclo continuo. Solo hacen falta cinco empleados para engendrar más de cincuenta y cinco mil lechones al año. El apareamiento, como cualquier otra fase de la vida del animal, también está controlado por el hombre; el encuentro directo entre animales hace tiempo que está prohibido. El momento, los fluidos intercambiados, la cantidad, el árbol genealógico, la temperatura y la luz, el nivel de hormonas en la habitación, cada variable está donde se quiere que esté. Por tanto, el apareamiento siempre se produce con una persona intermediaria, lo que enmaraña aún más la interdependencia entre especies, a pesar de los intentos tecnológicos por hacer que todo sea distante, previsible, aséptico. Pero es difícil no pensar en una cierta violencia reproductiva impuesta a las hembras, como en el caso de las vacas obligadas a estar continuamente preñadas para producir leche hasta que cesa su función reproductora; o como en el caso de las gallinas ponedoras, todas ellas condenadas por su poder generativo.

Sin embargo, en este contexto, Blanchette señala cómo, con el paso del tiempo, los empleados han desarrollado una capacidad especial de discernimiento sobre la salud de los lechones, el estado de las cerdas antes del parto, hasta el punto de ser capaces de comprender el estado de ánimo del animal y su carácter distintivo; de reconocer al macho más arisco y los días apáticos de las futuras madres; y de mostrar una proximidad y una infiltración casi propia de sociedad carbonaria con respecto a las directrices de gestión. Los más atentos son precisamente los asignados a los turnos de inseminación artificial. El encargado, casi siempre varón, debe saber decir, con solo tocar con una mano el lomo sedoso del animal, cómo proceder, con qué velocidad moverse y qué presión ejercer para maximizar el número de óvulos a fecundar, que luego se convertirán en lechones. Sin este complejo conjunto de conocimientos, el rendimiento de la producción sería menor: menos lechones, menos beneficios. Y es raro encontrar una forma de conocimiento artesanal, un conocimiento táctil, una sensibilidad interespecies, donde todo parece derivar de un conocimiento técnico, científico y objetivo. Hay que seguir considerando la mano de obra como no cualificada para mantener los salarios mínimos y para no reconocer sus méritos.

La erosión de los derechos continúa a través de intervenciones legislativas que dificultan cada año más la libertad de asociación, el derecho a la igualdad de oportunidades y de trato o el derecho a una indemnización por accidentes laborales.[36]

«Y esto sucedía porque mientras haya muchas personas dispuestas a trabajar en cualquier condición, no hay razón para ir a buscar a los que quieren trabajar con sus propias reglas».[37] Así lo explicaba, en 1904, el escritor Upton Sinclair, en su magistral obra *La jungla,* en la que describe las vicisitudes de una familia lituana engullida en el infierno de la pobreza y los mataderos de Chicago, y así justifica la imposibilidad de la dulce y frágil protagonista de tomarse unas vacaciones al día siguiente de su boda. Más de un siglo después, en 2013, un vídeo informativo de otro matadero dirigido a los nuevos empleados —no a los visitantes como en mi caso— recalcaba la importancia de quedarse en casa al primer síntoma de gripe, para no arriesgarse a contaminar la comida de las familias americanas. La persona que lo estaba viendo, sin embargo, no era un trabajador corriente. Era el investigador Timothy Pachirat de incógnito, quien llevaba ya varios meses trabajando en el matadero en cuestión. «Cuando escuché eso, apenas pude reprimir una carcajada, ya que a todo trabajador del matadero se le suspende o se le despide sistemáticamente si no se presenta, aunque sea porque está enfermo».[38] Más de un siglo después, con una simple frase reveló lo terriblemente actual que era aquella línea de la novela de Sinclair.

Nuestra visita a la fábrica de embutidos no ha terminado. Siguiendo al guía, entramos en otra zona, dedicada a los productos acabados. Paso junto a una mujer concentrada en su trabajo. Su imagen vuelve a visitarme mientras releo las historias de los mataderos de Chicago de principios de siglo, como esas microscópicas picaduras de insecto de las que sientes solo un pinchazo y al día siguiente encuentras un sarpullido doloroso en el brazo. Está de pie frente al banco de trabajo, con la piel de la cara pálida mientras algunos mechones de pelo rubio se escapan de su desgastada gorra. El cuello es su componente más carismático, el eje de cada movimiento. Destila rigor, le da un aire robótico, la asemeja a las demás máquinas. Su puesto está dedicado al embutido de salchichas. La operación consiste en tomar una tripa de una cesta que parece hervir de serpientes grises y blancas, tirar de ella entre las manos mientras se asegura de que no tiene cortes ni agujeros, y finalmente introducirla en un tubo metálico colocado a la altura de la cara. El tubo hincha entonces la tripa, escupiendo un chorro de pasta de carne en el interior. La rapidez con que adquiere volumen recuerda a la de los hábiles malabaristas callejeros, cuando inflan globos oblongos en cuestión de instantes y, con igual destreza, les dan forma de animales, espadas y coronas o cualquier otro objeto, hechizando a enjambres de niños fascinados por sus trucos. Al igual que esos artistas, la trabajadora realiza firmes movimientos de muñeca, apartando y cerrando la tripa, aunque sin el mismo entusiasmo. La salchicha está lista en un abrir y cerrar de ojos. En el breve tiempo que pasamos, puedo contar más de diez, todas elaboradas con la misma gracia. Su figura abandona la escena, y nosotros con ella.

Hasta los huesos

Dar cera, pulir cera, dar cera, pulir cera. Abre el vientre, saca las tripas, abre el vientre, saca las tripas. La monotonía lleva a la distracción, y la distracción lleva a los errores. El problema es que en un lugar como este, lleno de hojas, cuchillos, sierras de arco y hachas, los errores pueden cobrarse un alto precio que se mide en falanges, dedos y extremidades. Pero son muchos los riesgos a los que se enfrentan quienes trabajan en mataderos o en las CAFO.

No son solo los cuerpos de los animales los que se modifican para satisfacer las necesidades de eficacia y rentabilidad. Pasado cierto punto, a los cuerpos y a las mentes de los trabajadores les cuesta abandonar las salas incluso después de la jornada de trabajo. El movimiento repetido durante horas no se queda en las taquillas de los vestuarios comunes, y lo mismo ocurre con el dolor que estos movimientos producen. Al final del turno, Blanchette, al entrevistar a sus colegas, registra cómo la mayoría pasan el tiempo buscando analgésicos, durmiendo sentados porque el dolor de espalda les impide tumbarse, incómodos en cualquier posición que no sea la que adoptan en su puesto. Durante las primeras semanas, el cuerpo pide clemencia y se rebela contra su destino de autómata. Sin embargo, a partir de cierto umbral, hace suya esa tarea y, a pesar de la constante necesidad de pastillas, tiritas, bebidas alcohólicas y cualquier otra sustancia para calmar el dolor, los movimientos de su puesto de trabajo serán los únicos que realmente sentirán como propios.

A los dolores de espalda provocados por las largas horas en pie, a la artritis ligada a los gestos rápidos repetidos miles de veces en el espacio de unas pocas horas, se añaden los daños menos inmediatos, pero igualmente insidiosos, fruto de la exposición constante a agentes químicos o a los gases producidos en los almacenes, donde los sistemas de ventilación no siempre funcionan como deberían. Entre ellos se encuentran las partículas de amoníaco, el sulfuro de hidrógeno, el dióxido de carbono, las endotoxinas y otros microorganismos con alto potencial alergénico. Al igual que el medio ambiente se ve corroído por las actividades que tienen lugar en las granjas intensivas y los mataderos, también estas contaminan a su personal. En el cuerpo, además del riesgo de lesiones, existe uno típico de la industria animal, el de entrar en contacto con bacterias multirresistentes derivadas del abuso de antibióticos. En el espíritu, los trabajadores de las CAFO y de los mataderos son más propensos a sufrir síndromes de estrés postraumático y comportamientos violentos.[39] «En los barrios de los mataderos no se le daba mucha importancia a las cabezas rotas, porque los hombres que tenían que romper la cabeza de los animales durante todo el día acababan tomándolo por costumbre, y resultaba que terminaban practicando con los amigos y a veces incluso con los miembros de la familia». El eco de Sinclair, de nuevo, se percibe en un artículo científico de 2009. Este estudio comprobó cómo repercutía la presencia de la industria cárnica en una localidad sobre los índices de delincuencia, mediante datos recogidos entre 1994 y 2001 en más de 581 condados. Los resultados confirmaron lo que ya se había señalado a principios del siglo XX: la presencia de mataderos, en comparación con otras industrias como la siderurgia, la automoción y las manufacturas, se reflejaba en un aumento de los crímenes violentos, las violaciones y otros delitos de naturaleza sexual.[40]

No obstante, la industria presta mucha atención a la salud del ganado. Al menos, a que tenga la salud suficiente para cruzar vivo las puertas del matadero. Los habitantes de las comunidades donde se ubican las granjas y los mataderos pueden ser un peligro para los animales debilitados por unas condiciones de vida que los mantienen quietos en unos pocos metros cuadrados, apiñados, sin haber conocido nunca un rayo de sol ni alimentos frescos y variados. Una pequeña bacteria podría matar en cuestión de días a miles de animales fragilizados por las condiciones de la cría intensiva. Es aquí donde aparece otro aspecto del control de las granjas sobre los territorios en los que operan. A los trabajadores de las granjas, pero también a los que trabajan en los mataderos, no solo se les pide que se cambien de ropa, se pongan fundas en el calzado, guantes, orejeras y cualquier barrera entre su cuerpo y el de los pollos o cerdos que van a manipular, sino también que se den largas duchas antes y después de los turnos, y se les recomienda frotarse a niveles que van más allá del sentido común. También es importante que limiten sus contactos fuera del trabajo con quienes trabajan en otras divisiones y departamentos, para evitar un posible intercambio de biocidas. Y aquí es donde el control de la industria se desborda más allá del límite que marcan sus puertas.

Para asegurarse de que esto sea posible, y de que los empleados obedecen las normas de la empresa incluso en su tiempo libre, a la empresa le basta cruzar la información de la que dispone, las direcciones a las que se domicilian las nóminas y los puestos de trabajo de los empleados dentro del organigrama, y la cosa está hecha. Una comunidad en la que la mayoría de la población está a las órdenes de la multinacional no será difícil de monitorizar. Si, por ejemplo, la empresa evalúa que existe riesgo de contaminación porque hay un destetador de lechones y un responsable sanitario de cerdos adultos en la misma casa, los convencerá para que encuentren un puesto en el mismo departamento o decidirá trasladarlos a otro lugar. Hablando de la *Land of the Free*...

Al tener el control de toda la cadena de suministro, gracias a los procesos de integración vertical ya vistos, en los que todos los componentes del ciclo de vida y muerte del animal responden a una misma realidad, será fácil controlar también la vida de los empleados. Al igual que cada fase de la vida del animal está sometida a un escrutinio continuo para aumentar su rendimiento, lo mismo ocurre con los empleados para comprobar su productividad.

A nosotros también nos vigilan de cerca, pero no prestamos demasiada atención. Con nuestros cubrezapatos, batas y gorras, estamos a punto de terminar el recorrido. Sin embargo, soy consciente de que solo he tenido acceso a la parte limpia, desinfectada y aséptica del empaquetado de la carne. Debe haber más. Lo que se nos ha permitido ver es solo un atisbo. Debe haber más.

El pecado original

La industria cárnica tiene una peculiaridad inherente que la distingue de cualquier otra industria moderna, que también ha disfrutado de la innovación técnica, la apertura de los mercados mundiales, la laxitud general por parte de los organismos supervisores y gubernamentales, la centralización y la verticalización, la explotación de los trabajadores y la acción de los grupos de presión en las esferas políticas. Ahí radica la diferencia sustancial con cualquier otra mercancía de producción industrial lanzada a la economía global y con la retórica neoliberal, aunque se mantenga la misma lógica de maximización, optimización y mecanización de cada paso de la producción. El papel de los animales —del latín *animalis,* lo que da vida— implica el alma, el aliento.

Antes de ser filetes, salchichas o pechugas empanadas, son seres vivos y palpitantes, componentes de un individuo con complejos sistemas relacionales, emocionales y de comportamiento, mucho más parecidos a los de los humanos de lo que la industria se esfuerza en ocultar.

Todo confluye para que no haya asociación entre lo que tenemos que comprar y su anterior naturaleza viva. El inglés se presta mejor a este propósito: *pork* significa chuleta y *pig* significa cerdo, igual que el *beef,* el filete de ternera, no tiene nada de la dulce *cow,* la vaca de la que procede el corte. Durante mucho tiempo, no entendí las historias de los activistas estadounidenses por los derechos de los animales que deliraban sobre cómo se encendió la chispa de sus futuras batallas cuando descubrieron que lo que encontraban en sus platos eran los mismos animales que veían en los campos cuando visitaban a sus abuelos en verano. En este sentido, la lengua italiana es menos sibilina, mientras que el inglés es heredero de la conquista normanda de 1066, que en los territorios sajones se insinuó en la lengua de la nobleza, con su *boeuf, mouton* y *porc,* con la eterna necesidad de distinguirse del pueblo llano.

Pero el sol no puede ocultarse.

Hay unos ochenta mil millones de animales dentro de los sistemas agrícolas intensivos. Una marea diez veces mayor que nosotros, los *sapiens,* que nos garantiza calorías baratas y nuestra sensación de ser reyes en cada comida, con beicon y huevos para desayunar, ensalada césar para comer, y unas merecidas costillas para cenar. Solo que no se trata de motores, reactores u ordenadores que, al introducir datos y energía, entregan lo que se les pide, en un *do ut des* lineal. Napoleón lo sabía bien: mantener satisfecho el estómago del ejército puede ser tan decisivo en la batalla como disponer de la mejor táctica militar. Preocupado de que, durante las largas campañas militares, la Grande Armée tuviera suficientes provisiones, llegó a instituir un premio para quien encontrara el mejor método de conservación, una perspicacia gracias a la cual hoy tenemos el vacío.

Esta es la mancha indeleble que hace que la industria cárnica sea tan diferente de las demás. Y también tan contaminante. Su animalidad. Una industria que ha injertado un sistema intensivo, diseñado y victoriosamente utilizado para montar un Ford en una hora, en seres orgánicos complejos, que sin embargo comparten con nosotros la misma necesidad por la que los criamos. La de comer. Y aquí parece residir el vínculo entre nuestra barbacoa dominical y la crisis climática. Cosas de la ironía.

¿QUÉ COME LO QUE COMEMOS?

Las alegrías violentas tienen finales violentos.
WILLIAM SHAKESPEARE

El parte meteorológico en el desayuno

El tema musical del programa meteorológico de la televisión nacional provoca en mí un ligero sentimiento de angustia por el tiempo perdido y la incerteza del futuro. Cada mañana, estas notas formaban la banda sonora de mi desayuno, el mismo durante todos los años de escuela primaria: un tazón de leche con arroz inflado aromatizado con chocolate. Las grises mañanas de invierno iban acompañadas por esta musiquilla, precedida de la imagen fija de un reloj con la hora exacta. Aquella leche y aquellos cereales iban a tener una conexión cada vez más fuerte con las imágenes de cartón de nubes o soles, con los grados previstos, junto con un termómetro o un paraguas para marcar el pronóstico. Pero no podía saberlo entonces, como tampoco podía saber que el fundador de mis cereales favoritos los había concebido como alimento para contener los espíritus en ebullición de los nuevos colonos americanos, dentro de una comuna orientada hacia la pureza y la castidad.

Ahora mis mañanas son un poco diferentes. Enciendo la luz del baño. Se expande suavemente mientras cojo el cepillo de dientes de bambú. Miro por la ventana para ver si el tiempo es clemente como para permitirme ir al trabajo en bicicleta. Sonrío y me froto aún más fuerte pensando que ningún delfín sufrirá por mi higiene dental. Pero mi confianza de guardiana ecologista flaquea mientras meto una bolsa de lona en la mochila. Más tarde iré de compras y sé que el verdadero reto llegará al final del día. ¿Seré capaz de controlarme, cuando la frescura de la mañana haya desaparecido y las buenas intenciones de ser mejor persona hayan dado paso a volátiles bajadas de azúcar? Conozco mi debilidad ante la tentación de la llana sencillez de una lata de atún, lista para ser vertida rápidamente en una ensalada prelavada, muy a pesar de mis amigos los cetáceos. Las probabilidades de que ceda son realistas, y cuando lo haga, veré cómo el temporizador que imagino en una habitación vacía se pone a cero de nuevo, puntuándome cada día en función de las acciones verdes que haya realizado, para volver a empezar a la mañana siguiente. Porque lo que elijo para cenar tiene un impacto mayor en el medio ambiente que cualquier cepillo de dientes de bambú, renuncia al coche para ir al trabajo o bolsa de papel frente a su homóloga de plástico. Y esto debería saberlo bien, pero parece que se me olvida ante cada atisbo de apetito. Allá por 2006, hace más de quince años, un informe de la FAO mostraba que la cría de animales emitía más dióxido de carbono que todos los sistemas de transporte juntos. Por primera vez, la industria animal se sitúa en el centro de la crisis climática. *Livestock's long shadow*,[41] este fue el título elegido para uno de los informes más citados, pero rápidamente ignorado por las instancias políticas cuando más falta hacía. Como en mi caso, la asociación entre la industria animal y la educación medioambiental sigue sin ser automática para los interesados en la cuestión climática, a pesar de que han pasado años desde este estudio. Parece que una especie de capa de invisibilidad protege a esta industria, y me permite comer tranquilamente leche, huevos, carros de queso y embutido sin la menor sospecha de ser parte del problema. Desde hace más de quince años, esta sombra aún no ha encontrado verdadera resistencia, y por ello ha podido expandirse y cubrir todos los rincones del planeta, desde las extensiones de Mato Grosso hasta los parques de Carolina del Norte, pasando por los paraísos de postal de las islas del Pacífico.

Para entender cómo la industria animal puede ser tan crítica para el medio ambiente como para ser incluso peor que la industria del transporte, según el informe de la FAO, debemos acercarnos a ella paso a paso, y con cautela. En estas páginas, por tanto, debo apartar por un momento la mirada del sector cárnico y sus protagonistas, y dirigirla hacia el sector agrícola. Pero, para empezar, ¿de qué cambio climático hablamos?[42]

A la lenta asfixia a la que lleva el olor a asfalto derretido en las ciudades vacías en agosto se contraponen acontecimientos extremos, como súbitas sacudidas de la realidad; corrimientos de tierra, temporales, huracanes que, como un *deus ex machina,* irrumpen aleatoriamente, cada vez con mayor frecuencia, saliéndose de las periferias del mundo. De los lechos de los principales ríos que se estudian en las clases de geografía por su majestuosidad, aparecen restos de la Segunda Guerra Mundial, carcasas de camiones militares, bombas sin explotar, tazones oxidados abandonados a toda prisa: una danza macabra de la que no logramos extraer las emociones necesarias. Los paisajes se derrumban, la corteza terrestre se desajusta, los coches saltan de un lado a otro como si viviéramos dentro del capricho de un niño que se aburre de sus juguetes. Otras zonas simplemente desaparecen, sumergidas por la subida de las aguas, las fronteras se redibujan, cada vez más borrosas por el avance del desierto.

Aunque se trata de una crisis mundial, ciertas comunidades reciben los mayores golpes y desde hace mucho tiempo. Suelen ser regiones que ya tienen su propio abanico de dificultades: inconsistencia política, redes de protección social deshilachadas, indicadores de crecimiento evanescentes, asistencia sanitaria inexistente, con conflictos internos a la orden del día. En estas partes del planeta, la cantidad de lluvia se convierte en el punto de equilibrio entre la vida y la muerte, entre un campo cultivado con mijo, cuya tierra húmeda traerá semillas y harina para la temporada siguiente, y una tierra tan seca como un muro sólido, impenetrable para cualquier organismo. La emigración, por tanto, sigue siendo a menudo la única estrategia de supervivencia para quienes disponen de los recursos y el físico adecuados.

El aumento de los conflictos por el agua y la tierra también empieza a aparecer en los medios de comunicación del norte global, aunque con consecuencias todavía no tan trágicas, dejando clara la presencia planetaria de una categoría especial de personas que pueden actuar como centinelas del clima: los agricultores. En un artículo de 2012, en un verano también seco, en Italia se calculaban más de quinientos millones de euros en daños para los productores de tomate, uva y remolacha azucarera.[43] La sequía y las altas temperaturas secaban la vida en los campos, sin escapatoria. La Agencia Europea de Medio Ambiente, en un informe de 2018, advertía que, a menos que se apliquen soluciones para aumentar la resiliencia del sector agrícola ante nuevas catástrofes climáticas, existe el riesgo de que incluso se abandone la agricultura y la ganadería en algunas zonas del sur de Europa y los países mediterráneos.[44] Porque a pesar de los enormes avances tecnológicos, con cruces de especies y semillas que han creado plantas más resistentes y productivas, el uso de fertilizantes y pesticidas para mejorar el suelo y reducir los riesgos para la cosecha, pese a todas las mejoras en la dirección de rendimientos óptimos, el acto de cultivar sigue siendo inseparable del medio ambiente y del clima. Agua, aire, tierra y fuego, todos los elementos deben estar en equilibrio para permitir la vida en los campos. La semilla que no reciba agua en el momento adecuado no germinará. Las plantitas que germinan en temperaturas saharianas, cuando llevan cientos de años adaptadas a zonas templadas, no tendrán estrategias de supervivencia en su arsenal genético y se quemarán. Acontecimientos repentinos como las tormentas de granizo o las lluvias torrenciales, antes poco frecuentes, ahora previsibles, tendrán un poder destructivo sobre los arbustos que hayan superado sus primeras etapas de crecimiento. Los agricultores llevan años haciendo frente a desequilibrios que, para quienes no viven en contacto con la tierra y sus frutos, siguen siendo imágenes en una pantalla.

Dicho esto, para relacionar los acontecimientos climáticos con mi bolsa de la compra para la cena, tenemos que entender por qué, como especie, nos hemos embarcado en estas bucólicas hazañas.

No nos dedicamos a la agricultura por una atracción estética particular hacia los campos de colores uniformes, por una necesidad de líneas rectas y contiguas como las de las hileras de viñas, o por la sensación de orden que dan las fronteras, los mojones y las vallas. En las raíces del gesto agrícola está nuestra necesidad de comer para vivir, sobre todo desde el día en que decidimos que las bayas, las raíces y algunos pobres animales que acababan en nuestras trampas ya no eran suficientes, o cuando el entorno que nos rodeaba hizo necesario un plan más sedentario. Muy sencillo. Cultivamos los campos para comer sus frutos.

El objetivo de la agricultura es asegurar nuestra supervivencia, darnos frutas, verduras, granos, semillas y vainas de forma consistente y constante, para garantizarnos no solo el alimento, sino algo aún más precioso para una especie como la nuestra: cierta tranquilidad de que hay un futuro. Una tranquilidad que nos permite imaginar otras formas de vivir, crear dioses a los que agradecer las cosechas y transmitir nuestras historias y deseos a las nuevas generaciones.

Pan, tomate y petróleo

La epopeya asirio-babilónica de Gilgamesh, el poema épico nacido en lo que se considera la cuna de la civilización, el Creciente Fértil entre el Tigris y el Éufrates, comienza con una súplica de los súbditos a los dioses: deben ayudarles a derrotar al despótico y carismático rey Gilgamesh, al que no perdonan su incontrolable apetito sexual. Gilgamesh molesta sin pudor a las mujeres del pueblo que se supone que debe vigilar, y esto es una afrenta que no pueden tolerar. En respuesta, los dioses cumplen la súplica y crean a Enkidu, un hombre fuerte con todo lo que hay que tener para derrotar al poderoso Gilgamesh. Pero hay un problema. Es un hombre de naturaleza salvaje, pasa el tiempo con los animales del bosque, vaga por la selva y, sobre todo, para alimentarse pasta hierba de los campos y bebe agua directamente de los arroyos. En este estado, no es posible controlarlo y conducirlo hacia la misión. Será la intervención de Shamhat, una prostituta hábil y astuta, quien lo sacará del estado salvaje, acostándose con él, vistiéndolo, pero sobre todo ofreciéndole pan y cerveza. Ambos son alimentos que requieren el control de los elementos, la siembra de las semillas, el cuidado de la cosecha, la transformación de los granos en harina. La destreza en el control del fuego que cocerá el pan y la alquimia necesaria para la fermentación que dará lugar a la cerveza. El paso de la naturaleza a la cultura, el convertirse en seres humanos, de forma similar a las conclusiones de Lévi-Strauss, se produce a través de dos alimentos que requieren el conocimiento y el arte humanos para ser creados. Y, para ello, el primer texto literario conocido se centra en la mano de una mujer, cuya profesión está impregnada de eros. El vínculo entre comida y sensualidad tiene raíces muy antiguas. Los dos protagonistas, Enkidu y Gilgamesh, acaban haciéndose amigos, y será la muerte de Enkidu la que impulse a Gilgamesh a emprender un viaje en busca de la inmortalidad.

Dejando a un lado el mito y volviendo a la crónica, el grito de alarma de los campesinos del mundo es comprensible. Viven de lo que cosechan: unos, poniéndolo en el mercado mundial para obtener recursos que intercambiar con otros bienes; otros, la mayoría, porque alimentan a sus familias y comunidades con esa cosecha. Sin embargo, existe una especie de esquizofrenia por parte de algunos de ellos, especialmente los que disfrutan de los frutos de los sistemas agrícolas modernos e intensivos. Es como estar dentro de una de esas películas en las que, en las escenas finales, para nuestro asombro colectivo, descubrimos que el asesino en realidad es el protagonista cuyo trabajo consiste en desenmascararlo. «¡Luke, yo soy tu padre!». Porque si hay un punto en el que ahora converge la mayoría de los científicos es en el reconocimiento de la agricultura como la actividad humana de mayor impacto ambiental. Desde el informe de la FAO de 2006, junto a petroleras o transportistas, también encontramos a agricultores y ganaderos en el banquillo de los acusados.

Más del 23% de las emisiones de gases se atribuyen a la industria agrícola, que se encarga del cultivo del maíz y la caña de azúcar que formaban mis cereales del desayuno, y de la cría de las vacas de las que se ordeña la leche que acababa en mi tazón. Estas son las principales causas del calentamiento global. Una cuarta parte del total de los gases que provocan el aumento de las temperaturas procede del mundo agrícola. Hay que leer esta estadística más de una vez para poderla digerir. Pero no solo eso: el mundo agrícola también es considerado responsable del consumo de agua dulce, con su 70%, junto con la erosión a ritmo vertiginoso del suelo, obligado a soportar una producción estricta y continuada. Se le atribuyen además elevados índices de deforestación, desertificación, estrangulamiento de la biodiversidad y, como consecuencia, los clásicos aumentos de temperatura, el derretimiento de los glaciares y otros fenómenos climáticos con los que nos estamos familiarizando.

Entonces, ¿cuáles son los lazos que vinculan al supermercado local con la crisis climática? Y sobre todo, ¿cómo es posible que precisamente la agricultura, último reducto nostálgico del mundo antiguo tal y como lo conocían nuestros abuelos, sea considerada una de las principales culpables? Para hacernos una primera idea, tomemos el símbolo de la «italianidad» en la cocina, el tomate, y en particular el hecho de que frecuente con asiduidad a un amante inesperado: el petróleo.

Uno de los primeros encuentros entre ambos se produce a través de los fertilizantes químicos necesarios para revitalizar la productividad de los cultivos en sistemas intensivos, de los cuales el petróleo es un componente fundamental. Año tras año, el suelo se cansa cada vez más de recibir las mismas raíces, de no tener nunca un día de descanso, un mes de barbecho, un periodo de vacaciones en el que plantitas espontáneas puedan intercambiar y mezclar el bioma del suelo. La posibilidad de crear fertilizantes a partir de la síntesis del amoníaco presente en el aire fue uno de los inventos de principios del siglo XX que revolucionó la productividad de los campos, permitiendo ritmos y rendimientos impensables en el pasado. Por primera vez en la historia de la humanidad, parece que se ha ganado la guerra contra la escasez, los graneros están llenos y el riesgo de guillotina para los gobernantes decadentes que ofrecen *croissants* en lugar de pan queda aplazado hasta nuevo aviso. El precio que hay que pagar por esta tecnología ha sido el de vincular el destino de la producción de alimentos a las oscilaciones de los mercados del petróleo, cuya inestabilidad se refleja en los precios fluctuantes de la cesta de la compra en todo el mundo. Como en la crisis alimentaria mundial de 2007 y 2008, cuando el precio internacional del trigo se duplicó en apenas un año; crisis considerada por muchos como una de las chispas que hicieron estallar muchas de las agitaciones políticas que siguieron, de Burkina Faso a Egipto, de Marruecos a Pakistán, pasando por Yemen e incluso México. El espectro jacobino es una presencia difícil de exorcizar, a pesar del entusiasmo que suscitan los avances tecnológicos del último siglo.

Volviendo al vínculo entre un banal tomate y el petróleo: después de haber bebido agua y nutrientes fósiles, una vez maduro, el fruto rojo vuelve a recurrir al petróleo en forma de combustible necesario para recorrer largas distancias, a menudo intercontinentales, en las distintas etapas de transformación. Desde el interior de China, donde se cultiva la mayor parte de los tomates del mundo, se extenderá por todo el mundo en forma de salsas, concentrados y kétchup que acabarán junto a las patatas fritas holandesas, americanas o vietnamitas. En un mundo interconectado como el de hoy, el impacto del tráfico de alimentos no es algo que se pueda ignorar; solo en Inglaterra, el movimiento de alimentos que llegan desde fuera y los producidos dentro del país contamina tanto como el tráfico de 5,5 millones de automóviles al año.[45] Luego hay otros encuentros entre los dos amantes inesperados. El último abrazo se produce en las estanterías de los supermercados, cuando los tomates aún esperan la mano de quien los elegirá, en un lecho de poliestireno y envueltos en plástico brillante, ambos enésimas transmutaciones del petróleo crudo.

Cada etapa que lleva al tomate desde la cosecha hasta el plato lleva consigo un rastro oleoso, una sombra negra que nunca lo abandona, para revelarse como un cofre del tesoro que contiene miasmas tóxicos en el momento en que nuestras manos lo abren. Al igual que el tomate, cualquier producto del sistema agrícola intensivo mundial puede presumir de ese contacto. Una relación mantenida en la sombra, silenciosa, aunque inseparable, con la oveja negra del medio ambiente por excelencia.

Comer es un acto agrícola, como afirma el poeta y agricultor Wendell Berry.[46] Y por lo tanto, si la agricultura actual resulta ser una de las principales causas de los trastornos climáticos del Antropoceno, entonces, por propiedad transitiva, las cosas de las que nos alimentamos están enmarañadas con los desastres que presenciamos. Por este motivo, la elección de qué producto meter en la bolsa de la compra al final del día tiene un impacto en el clima.

Recordemos al activista de Glasgow: no mencionó salsas de tomate que habían surcado los océanos, ensaladas metidas en celofán o galletas ahogadas en aceite de palma. Su acusación fue precisa, concisa, dirigida contra la oferta, precisamente a quienes estaban llamados a tomar medidas decisivas contra la inminente catástrofe climática, de almuerzos y cenas a base de carne, huevos y lácteos.

La clave para entender la indignación del animalista de Animal Rebellion se encuentra aquí mismo: en el ciclo alimentario de los animales, en su incapacidad para convertirse en las máquinas que nos gustaría que fueran. En una trinidad visceral formada por la ingesta, la digestión y finalmente la expulsión. Por lo tanto, su letalidad ambiental está oculta en lo que a su vez se convierte en su alimento y en los métodos —o en la falta de ellos— para gestionar el proceso digestivo de miles de millones de animales escondidos tras las puertas cerradas de los barracones de nuestros suburbios. Para entender esto debemos empezar por preguntarnos: ¿qué come lo que comemos?

EL COMERCIO MUNDIAL DE LA SOJA

Lo he dicho una y otra vez, pero lo diré un millón de veces más: me preocupa más la muerte de una abeja que el terrorismo.

PATTI SMITH

Una simple legumbre

Primera parada en el descenso a los infiernos. La boca. El portal entre el mundo exterior y la primera visceralidad, el paso obligado para la supervivencia y fuente de placer, se convierte, dentro de las granjas intensivas, en una herida abierta. La imagen de los polluelos que gorjean al abrir el pico para recoger granos esparcidos por el corral y pequeños insectos se ve erosionada por las tenazas al rojo vivo que los convierten en muñones desiguales. Lo mismo ocurre con los gruñidos de los cerdos que el folclore siempre dibuja en busca de bellotas y otros manjares, pero que ahora están aplastados por el aburrimiento entre los barrotes de una jaula. Los novillos jóvenes, aún familiarizados con el tacto de la tierra bajo las pezuñas y con el viento en el hocico, doblan el cuello dócilmente en los tanques de hormigón. Uno de los raros momentos de liberación de endorfinas se produce cuando rompen la monotonía de sus días gracias a la comida. No invasiva como en la producción de *foie gras,* sino continua y abundante para que puedan crecer rápido.

Los amigos cuadrúpedos o emplumados no se consideran paladares exigentes, aunque las gallinas cacarean entre ellas con entusiasmo a la señal de un alimento nuevo y apetitoso, y muestran total desdén por la bazofia diaria, una muestra de su curiosidad por el mundo. El menú ofrecido en las granjas intensivas puede variar en cuanto a cantidad y condimentos con hormonas de crecimiento y antibióticos, pero la pasta que se vierte en los comederos a intervalos regulares se basa firmemente en los dos ingredientes básicos que garantizan el mejor rendimiento en el menor tiempo: el maíz y la soja.

Para seguir el ritmo que exige la industria animal, el sector agrícola no se ha quedado atrás en cuanto a crecimiento exponencial. De 1990 a 2015, la producción de maíz se duplicó, mientras que la de soja se triplicó con creces.[47] Hasta la fecha, han sido destacados académicos y documentalistas los que han analizado el papel del maíz en la economía moderna, como Michael Pollan o el documental *King Corn,* donde dos muchachos parten de la desconcertante premisa de que la esperanza de vida media de los estadounidenses disminuye cada año[48] —la primera vez que esto ocurre en un país occidental— y acaban encontrando las causas entre los campos de maíz de la nación.

Pero no son las extensiones de verdes cañares, sus hojas ásperas, la copa ámbar que brota sobre sus frutos lo que me interesa. Lo que realmente me intriga es su compañera más camaleónica, más reservada y esquiva a la mirada colectiva. La soja.

Porque el mundo actual de la carne no puede explicarse sin esta particular legumbre, con sus cortas vainas verdes cubiertas de suave pelusa e hileras de redondeados granos amarillos en su interior. La soja, más fácilmente asociable a las dietas veganas o vegetarianas por sus transformaciones en tofu, *tempeh* o la salsa oscura que acompaña al *sushi,* ha creado un inesperado yin y yang con la industria animal. Su alto contenido en proteínas la convierte en un alimento perfecto para cualquier animal que viva en espacios reducidos, ya que le permite ganar peso rápidamente y da savia a músculos que, forzados a la inmovilidad, de otro modo se atrofiarían y perderían toda su masa. Una vez exprimidas las semillas y extraído su aceite, la pasta que queda es un reconstituyente perfecto. Tan eficaz en la tarea que, desde los pollos a los cerdos, pasando por el ganado vacuno y el salmón, cualquiera que pase por los sistemas intensivos conocerá su sabor en algún momento de su corta existencia.

Y es muy normal que, al oír la palabra soja, uno piense en fideos translúcidos y gomosos que chisporrotean sobre una plancha caliente en una cocina de fusión. Porque esa es la forma que creemos encontrar más a menudo, con productos aptos para una dieta vegetariana en su estante específico. Sin embargo, de los 349 millones de toneladas producidas en 2018, más del 90% se destinaron al consumo animal. Solo las migajas que escapan al destino del comedero llegan a nuestra mesa. ¿Cómo es esto posible?

Originaria de China y extendida por el sudeste asiático ya en el año 6000 a. C., se dice que el emperador mitológico Shennong —también conocido como el Campesino Divino, que pervive aún hoy como deidad en ciertos cultos populares chinos y vietnamitas— incluyó la soja en el empíreo de las cinco plantas sagradas para el hombre, junto con el arroz, el trigo, la cebada y el mijo, a pesar de que se requieren procesos más laboriosos, como la fermentación o el molido, antes de que pueda ser consumida por el hombre.

Hoy, sin embargo, el trono de la soja reside en otra parte. Su príncipe habla portugués y, a las salsas negras y sabrosas de Oriente, prefiere una genuina mesa de brasas y asado. Desde los años setenta, esta vaina ha irrumpido con prepotencia en la economía brasileña, sobreviviendo a dictaduras militares, gobiernos democráticos y al presente socioliberal. Las raíces de la soja en Brasil se encuentran en un terreno similar al que llevó la carne especiada enlatada a las cocinas asiáticas: el ejército estadounidense en la Segunda Guerra Mundial. En aquellos años, Estados Unidos se fijó en las propiedades nutritivas de la soja, antes que para los animales, para otro tipo de carne destinada al matadero: sus soldados en el frente. Es una buena fuente de proteínas, más fácil de producir que la carne en tiempos de racionamiento, y consume menos energía. Una vez finalizado el conflicto mundial, se decide no desperdiciar la inversión dedicada a este cultivo y, al buscar otra salida para absorber su producción en tiempos de paz, los hocicos vuelven a convertirse en una alternativa prometedora. Estas vainas de velcro se convirtieron en el aceite ideal para el palpitante motor de la ganadería intensiva, confirmando la importancia de invertir tierras y recursos en este cultivo. Estados Unidos se convirtió entonces en el primer productor de soja destinada a la producción de huevos, leche y carne, sosteniendo el sueño del *boom* económico de los años sesenta hasta principios de los setenta.

Luego, en 1972, en Rusia, dentro del marco de la Guerra Fría, una gran crisis agrícola obligó al país a abrir sus puertas al grano estadounidense. Estados Unidos aprovechó este momento de necesidad de su némesis para establecer nuevas rutas comerciales. *Business is business.* Con la negociación conocida como *Soviet Wheat Deal,* Tratado del Trigo Soviético, toneladas de grano se vierten hacia el este, dejando al resto del mundo en la estacada. Por tanto, una menor oferta se traduce en un aumento de los precios y, ya en el año siguiente, el precio de algunos alimentos, a nivel mundial, se incrementa en más de un 50%. Entre ellos, la soja ve cómo su precio se dispara multiplicando al menos cuatro veces su valor en solo diez meses, amenazando con poner de rodillas al sector cárnico estadounidense, del que ahora depende totalmente. Para salvar una de las puntas de lanza de su economía —y con ello garantizar las comidas baratas prometidas por Hoover allá por 1929 y mantener bajos los salarios de la clase trabajadora—, Estados Unidos embargó las exportaciones de soja. Es necesario que la producción propia permanezca dentro de sus fronteras, para alimentar a sus animales y a su pueblo. En este contexto, otros países aprovechan la oportunidad de desvincularse del mercado estadounidense y se lanzan a tierras más maleables, como la gran sabana tropical brasileña: el Cerrado. Con semejante condición geopolítica global, el dominio de la soja está listo para cambiar de bando.

La soja que crece cuando el trigo no germina, la soja que enriquece el suelo con nutrientes útiles para futuras cosechas, la soja cuyas exportaciones ayudan a llenar los agujeros presupuestarios que se producen entre festín y festín militar: no hace falta mucho para que se abra camino en los planes políticos y económicos del país, suplantando año tras año a todos los demás cultivos. Pese a los esfuerzos de Estados Unidos y Argentina por arrebatarle la supremacía, Brasil, con sus 36 millones de hectáreas dedicadas a ella, es el primer productor desde la década de 2000. Hoy, una extensión mayor que la superficie de Italia inunda de verde brillante el continente sudamericano. Y la expansión no tiene visos de detenerse.

Un vasto tsunami de vainas de soja parte del Amazonas en dirección a China. Allí puede contribuir al noble objetivo de la seguridad alimentaria, no como tofu insípido, sino para alimentar al animal que está sacudiendo las relaciones diplomáticas mucho más que un oso panda: el cerdo.

Uno de cada dos cerdos del mundo vive en China. En otros tiempos, su carne era un capricho para ocasiones especiales, pero aún era habitual que las familias rurales criaran al menos uno o dos al año, cuyos servicios, cuando estaban vivos, resultaban mucho más importantes. Alimentándose de los desechos de sus amos humanos, fertilizaban a cambio sus campos. En 2007, año del cerdo de oro, que siempre ha sido símbolo de prosperidad y seguridad, el departamento gubernamental encargado de la demografía prevé un aumento de los nacimientos superior al 20%. Todo el mundo quiere beneficiarse de los buenos augurios para los nacidos bajo su protección.[49] La predicción de un *baby boom* bajo el signo del cerdo hace que las inversiones en publicidad de las empresas productoras de pañales, alimentos infantiles y juguetes para bebés aumenten un 50%.[50] El sinograma para escribir «hogar, familia», 家, está formado por el símbolo de «cerdo», 豕, y «techo», 宀. El hogar es donde hay un cerdito con un techo que lo protege de la intemperie. Ahora, su influencia en la política ha crecido aún más, convirtiéndose en una herramienta útil para el Partido Comunista.

De hecho, la generación de más edad aún tiene muy presentes el hambre, la escasez y las penurias que siguieron al Gran Salto Adelante de 1959 o a la Revolución Cultural que causó decenas de millones de muertos entre 1968 y 1987. Por ello, no cabe sino agradecer las bondades modernas que ofrecen los distintos guías. Tan importante es la carne de cerdo que China es el único país del mundo cuyo Gobierno mantiene reservas para ponerla en el mercado en caso de que suban los precios.[51] Como haría un banco central para limitar las fluctuaciones de precios, aumenta la carne en el mercado cuando suben los precios, o la retira cuando la inflación empieza a ser excesiva.

Y como en el resto del mundo, junto con la creciente prosperidad económica, el modelo industrial de cría y procesamiento también está ganando terreno en China, englobando una a una las granjas familiares, aprovechando las subvenciones estatales, las exenciones fiscales y todas las concesiones que reciben las industrias bendecidas por el Gobierno. De 2000 a 2010, el número de pequeños o medianos ganaderos y productores de carne de cerdo redujo del 74% al 34% su influencia en la producción total, dejando más de la mitad de las ventas en manos de solo tres empresas.[52] Pero la industria china no se detuvo al pie de su muralla.

Durante años, China ha seguido y superado las tendencias de todos los países emergentes: mayores ingresos, crecimiento económico imparable y el consiguiente aumento del consumo de carne. Pero fue una absorción financiera en 2014, que pasó desapercibida para los no iniciados, la que indicó cómo las riendas del poder se deslizan cada vez más hacia Oriente: cuando la mayor empresa de carne porcina, la estadounidense Smithfield, fue adquirida por una empresa china, la Shuanghui, ahora WG Group, por 7100 millones de dólares. Fue el primer caso de la historia en que se produjo una adquisición de tal envergadura de un grupo estadounidense por parte de una sociedad con bandera china.[53] Con más de cuarenta y ocho mil empleados en todo el mundo, gracias a esta compra China se ha asegurado un puesto en la Champions League de la carne, adquiriendo de un plumazo la última tecnología y los conocimientos sobre producción, sanidad y gestión. Esta estrategia resuelve la necesidad de hacerse con suficientes lechones para alimentar a su propia población, pero no el problema endémico de la falta de tierras adecuadas para el cultivo en el país. China, de hecho, sufre una gran desventaja en comparación con otras naciones: no tiene suficiente tierra apta para la agricultura. Entonces, ¿dónde puede cultivar todo el forraje necesario para los millones de animales que se sirven cada día? Ahí es donde entra en juego la abundancia brasileña. El apetito gruñe en mandarín, pero es Río quien responde. Tanto es así que las exportaciones de soja de Brasil alcanzarían un nuevo máximo en 2020, llegando a los 28.600 millones de dólares.[54] Los cerdos y la soja ayudan a dejar claro que el término «países emergentes» no es más que el fantasma de un miedo occidental o un rancio esnobismo del siglo pasado. Hay nuevos centros mundiales donde se mueven el poder y el capital. Ambos países han emergido plenamente con su declinación individual del capitalismo moderno, y las consecuencias no se han hecho esperar.

No es país para ecologistas

Talar, desforestar, quemar, hasta convertir en tierra cultivable cualquier rincón aún intacto por la mano del hombre. Confinada en un número finito de meridianos y paralelos, la expansión de los recintos no corresponde a una expansión del planeta. Y es entonces cuando la mano se apresura a coger el hacha, a esparcir queroseno o a accionar una excavadora más moderna. Dado que no es posible aumentar el rendimiento de los campos tanto como para responder a la creciente demanda, es necesario encontrar nuevos espacios y crearlos donde no los hay. Y, como en el sector cárnico, también en este caso la tierra se está concentrando en pocas manos: solo el 5% de los productores poseen más del 59% de la tierra cultivada.[55] Porque el cultivo de soja requiere inversiones en tecnologías costosas y la posibilidad de expandirse en grandes tierras para poder gozar de economías de escala que garanticen la supervivencia en el mercado, haciendo efectivamente imposible la práctica para los pequeños y medianos productores.

Las imágenes del Amazonas en llamas son pan mediático de cada día, pero resulta difícil explicar que el principal instigador de la contracción de los pulmones verdes de la Tierra, a la impresionante velocidad de un campo de fútbol por minuto,[56] sea precisamente la carrera hacia la producción de soja y la creación de pastos. Y el Amazonas no es el único bosque que corre el riesgo de desaparecer.

En 2004, un terremoto submarino de magnitud 9,1 provocó una serie de olas de más de treinta metros de altura. Conocido entonces como «tsunami del Índico», mató a más de doscientas treinta mil personas, convirtiéndose en uno de los cataclismos más terribles de la historia moderna. En las semanas siguientes, varios grupos ambientalistas sacaron a la luz algunas imágenes incontrovertibles: las zonas que sobrevivieron con el menor número de víctimas y daños eran precisamente aquellas en las que ciertas industrias aún no se habían desarrollado; específicamente, aquellas que permiten la ubicuidad de esas pequeñas «comas» rosas que aquí encontramos en tarros de cristal o en las ensaladas durante la pausa del almuerzo. La explosión de la acuicultura intensiva de gambas tropicales y cangrejos, así como de las plantaciones de palma aceitera, refleja los acontecimientos que ocurren al otro lado del mundo. Para dejarles espacio, como pasa en América del Sur con el bosque amazónico, aquí se talan los bosques de manglares a un ritmo cada vez más rápido.

Allí donde habían sobrevivido, estas plantas —capaces de vivir en aguas salinas y saladas con su maraña de nudos, ramas y protuberancias— habían amortiguado la violencia del mar, salvando las tierras del interior. En los últimos veinticinco años, estos hábitats formados por conglomerados de raíces, troncos y hojas fluctuantes han sido diezmados en más del 50% en las costas de Indonesia,[57] y la devastación del tsunami pone en evidencia otro efecto violento y perturbador del mercado cárnico mundial.

Sin embargo, tal ferocidad ambiental y social no es aceptada por todos, aunque ir en contra de los gigantes de la agroindustria puede salir caro.

Solo en 2019, la organización ambientalista británica Global Witness reportó veinticuatro asesinatos de activistas brasileños vinculados al sector agroalimentario, y la tendencia va en aumento entre quienes denuncian prácticas ilegales de deforestación y expropiación. Todo obstáculo que se interponga en el camino hacia el objetivo de *«ordem e progresso»* debe ser eliminado.[58] La legislación brasileña a menudo no ayuda a la causa ambientalista, según la cual quienes limpian un territorio talando bosques para cultivarlos o para crear áreas de pastos pueden asegurarse la propiedad del mismo, ya que solo aquellos que usan la tierra pueden reclamarla. Por supuesto, esto predice que los bosques son una especie de limbo, una *res nullius* lista para ser aprovechada y puesta al servicio de los modernos conquistadores. Y no solo en Brasil, sino en todas partes donde esta vaina está en expansión.

De hecho, no para todo el mundo la soja ha sido la habichuela mágica de Jack. Es una tarde gris de domingo de finales de enero. La habitación está en penumbra, los altavoces emiten un sonido antiguo que parece la vibración de una ocarina. Otras personas se mueven siguiendo caminos imperceptibles, pero yo estoy quieta, inmóvil frente a un hombre. Tiene la mirada fija en un horizonte invisible para mí. Los labios carnosos, la mandíbula perfecta parece no tener un contorno. La mitad de su cara está cubierta de negro, con líneas que parten de la nuez, en una explosión centrífuga sostenida por la corona de plumas que lleva alrededor del rostro. Un *shock* emocional que debo agradecer a Sebastião Salgado y su genio, que me petrifica ante la serie de retratos de los habitantes del Amazonas. Las comunidades indígenas que reivindican el derecho a vivir y celebrar su diversidad, sus culturas, su dignidad, están siendo aniquiladas para dejar sitio al cultivo de piensos que nos permitan comer carne a cualquier hora del día.

Podría ser elemental atribuirle todas las responsabilidades de tales transformaciones a la redonda y sinuosa semilla extranjera: «No soy mala, es que me han dibujado así...». Pero la *Glycine max* —este es el nombre científico con el que se conoce a la soja— es solo la manifestación práctica temporal del sistema agrícola diseñado para servir al sistema industrial global moderno. Dentro del marco neoliberal, la agricultura es el punto de partida de todos los demás sectores económicos y, como tal, debe garantizar altos rendimientos a costes muy bajos. No importa si sus productos acaban en la boca de los seres humanos, de los animales o directamente en los vertederos, siempre y cuando sean baratos, mantengan tranquilo el ánimo de los proletarios y alta la moral de los ejecutivos.

Y la forma práctica en que esta visión se manifiesta hoy es el monocultivo.

Catástrofes

Como su propio nombre indica, el monocultivo es una práctica que consiste en cultivar la misma especie en la misma tierra, un ciclo de producción tras otro, infinito en el espacio y el tiempo; la práctica es adecuada para la era del Antropoceno, porque es disciplinada, extractiva y, en última instancia, destructiva. Son múltiples las comparaciones con los criaderos, porque comparten el mismo propósito, el beneficio y el concepto de intensidad en todos sus componentes, y también son comunes a ambos las consecuencias para el planeta y para quienes son devorados por dicha práctica. En este sistema, lo que cambia es el enemigo, y la diversidad y la desviación deben corregirse, si no erradicarse. Homogeneidad, la regla de oro. Mismos genes, mismos tiempos de maduración, mismo color, mismas dimensiones, mismo sabor, lo más neutro posible. Esto permite mecanizar todas las fases de la producción, reduciendo tiempos y necesidad de mano de obra. Una réplica infinitamente perfecta de una misma planta, ya sea soja, maíz, tomate, almendro o cualquier otra. Los eslabones de la cadena de producción solo se perfeccionan al unísono.

Pero en toda esta uniformidad existe la otra cara de la moneda. Una fragilidad sistémica extrema, a pesar de esta aura de gran divinidad imperial. Fragilidad que vive en primera persona el pueblo irlandés, con una de las hambrunas más terribles conocidas en suelo europeo. Conocida como la Gran Hambruna, fue la causa de más de un millón de muertes por inanición y de que otros tantos hubieran de expatriarse.

En *Los comedores de patatas,* Van Gogh representa a una familia holandesa de la pobre ciudad de Nuenen. Igual que ellos, comunidades rurales irlandesas enteras sobrevivieron años antes gracias a este versátil recién llegado. Dentro del famoso cuadro, la familia se desvanece en los tonos marrones de los tubérculos, escenificando una cena que se repite en innumerables hogares, impregnada por la misma sensación de cansancio que produce el duro trabajo manual. Y a pesar de esta mezcla de hombres, tubérculos, tierra y muros, el pintor logra dar una chispa de dignidad humana a los protagonistas, aún intacta antes de la llegada del aniquilamiento urbano. La patata es resistente, crece en acequias, en pantanos, en tierras abandonadas donde nada antes había logrado crecer. También hace fortuna para la clase terrateniente, porque cuesta poco y permite a la fuerza de trabajo alimentarse con igual de poco. Por tanto, el trabajo puede ser remunerado de forma igualmente limitada, basta con ceder un terreno poco productivo para uso de los trabajadores y sus familias, para que cultiven sus queridas gemas de bronce.

Esto fue así, sin embargo, hasta 1845. Ese año se perdió repentinamente un tercio de la cosecha nacional. Al año siguiente, peor aún, toda la cosecha se pudrió en los campos, dejando al país, ya agotado por el dominio inglés, de rodillas.

Hambre, carestía, muertes, éxodos que cambiaron incluso la demografía de los países del otro lado del Atlántico que recibían los barcos de vapor llenos de inmigrantes irlandeses. Sin embargo, una tragedia de proporciones tan inmensas no la provoca una guerra o un terremoto, sino un hongo microscópico, el *Phytophthora infestans,* también conocido como «roya de la patata». Mientras el trigo, el mijo y el centeno siguen dorándose en los campos, pero para ser destinados al puerto de Londres, la ligera espora no encuentra obstáculos en su camino y, llevada por el viento, avanza hacia las tierras más humildes, en los confines de los campos, cerca de las acequias, en las parcelas menos accesibles, donde se plantan las patatas para los estómagos locales. Una vez que encuentra la hoja adecuada, la espora se expande por toda la planta, formando una especie de telarañas diminutas pero letales que asfixian la linfa vital, hasta llegar al tubérculo bajo tierra, convirtiéndolo en una masa viscosa que impregna el aire con un olor pestilente. En todo el país, las patatas acaban siendo un engrudo incomible; dicho de otro modo, «la patata».

De hecho, esta destrucción total se debe precisamente a que desde hace años la producción se concentra en una sola variedad, la Lumper. Planta con un rendimiento excelente, pero de la que no se había tenido en cuenta un frágil talón de Aquiles: la vulnerabilidad frente a esta pequeña espora. Naturalmente, la historia de cómo el pueblo irlandés apostó por una única fuente de alimento es una estratagema para eclipsar el componente político de esta hambruna, subrayado con vehemencia por los versos del poeta Denis Florence MacCarthy en 1847: «Hemos arado, hemos sembrado, | pero la cosecha no era para nosotros [...], | mientras nuestro grano llenaba el pesebre | del caballo de batalla del extranjero».[59] Pero sigue siendo un ejemplo importante de lo arriesgado que es poner todos los huevos en la misma cesta, especialmente si la supervivencia de una gran parte de la población depende de esos huevos.

Ya sean del reino vegetal o animal, la combinación de proximidad y similitud genética puede, de hecho, conducir a la misma situación desastrosa del Gran Incendio de Londres en 1666, cuando los edificios, hechos de madera maciza pero también de paja poco fiable, pegados unos a otros, se incendiaron. Las llamas se extendieron durante cuatro días y destruyeron el 80% de la ciudad. Así, campos de maíz indistinguibles, fábricas solo de cerdos Yorkshire, gallinas livornesas o manzanas golden pueden convertirse en perfectos conductores, no del fuego, sino de patologías, infecciones, parásitos u hongos letales que encuentran en su patrimonio genético un hábitat perfecto en el que prosperar sin ser molestados. En la cría intensiva de salmón, por ejemplo, proliferan los piojos de mar: se alimentan de su carne viva, causando heridas conocidas por los profesionales como «coronas de la muerte». Otro costo invisible del derecho al *all you can eat.*

Una posible alternativa es la diversificación del riesgo, alternando diferentes cultivos como si fueran puertas cortafuegos, que resisten y aíslan los agentes patógenos que resultarían mortales para otras especies o declinaciones. Pero esto va en dirección opuesta al concepto de norma y homogeneidad tan apreciado por el sistema agroindustrial, cuya maquinaria puede cubrir hectáreas en pocas horas, si y solo si todas las plantas germinan al mismo tiempo, con la misma altura y si dan frutos de las mismas dimensiones. La diversidad siempre requiere tiempo y cuidado, lo que en un sistema centrado únicamente en la dimensión económica se traduce como costes que es necesario eliminar. La ciencia, sin embargo, a principios del siglo pasado propuso una solución más práctica que permitía mantener las variedades con mejores resultados a corta distancia y sin riesgos, gracias a nuevos descubrimientos en el campo de la química, con el nacimiento de pesticidas y herbicidas.

El uso masivo de pesticidas, fungicidas y herbicidas se convierte, por tanto, en una necesidad imprescindible para los cultivos intensivos. Sin baños químicos que maten todo lo que pueda representar un peligro —incluso lo que no lo representa pero se encuentra allí por casualidad, precio que hay que pagar en virtud del crecimiento—, correríamos el riesgo de perder cosechas enteras cada temporada.

Pesticidas. Lo que mata la plaga. Los parásitos que amenazan el éxito de la cosecha siempre han sido un flagelo de Egipto que, para los agricultores, no tiene sentido figurado. El término «pesticidas» da la idea de que funcionan como esos rifles de infrarrojos que aparecen en las películas de espías. Como aquellos, parecen capaces de identificar con extrema precisión los grupos de pulgones que intentan succionar la linfa de los tallos y, cual francotirador infalible, derribar uno por uno todos los alacranes cebolleros que se dedican a destrozar hileras de tubérculos, o las hierbas que, como si fueran okupas, roban recursos a los propietarios legítimos. Sin duda un elemento clave para aumentar la productividad. Sin embargo, la comparación es errónea: los pesticidas no son un rifle de alta precisión, sino que son más bien similares al napalm utilizado en la guerra de Vietnam, hasta el punto de que muchos estudiosos han propuesto el término biocida, que mata la vida, no solo la peste.

Su problemática se puede definir por la sustracción, por un silencio que indica ausencia. Han pasado más de sesenta años desde la publicación en 1962 del libro *Primavera silenciosa* de Rachel Carson, considerado por muchos el primer manifiesto de los movimientos ecologistas que estallarían en las décadas siguientes.[60] La autora parte de la constatación de que las primaveras ya no aparecen, al terminar los meses de invierno, a través de los cantos de las aves migratorias, de los gorriones cantores que dan la bienvenida al clima más suave y al regreso de la abundancia después de meses de heladas y penurias. El mágico DDT, al matar todo tipo de insectos, perjudiciales o no para la agricultura, había privado a las aves de una de sus principales fuentes de sustento, intoxicándolas u obligándolas a migrar a otros lugares, y dejando las primaveras inquietantemente silenciosas. Como ese juego que consiste en levantar una torre hecha con ladrillitos de madera, donde el desafío es retirarlos uno a uno sin provocar el colapso, la biodiversidad dentro de cada ecosistema se basa en equilibrios complejos, en los que cada especie sustenta y es a su vez sustentada en una red de vínculos frágiles. Algunos ladrillos se pueden quitar al principio, claro;

la estabilidad de la torre disminuirá, pero permanecerá en pie. Pero, a fuerza de insistir, en algún momento el cambio pasará de ser marginal a ser total, provocando que el sistema colapse hacia un nuevo equilibrio, o que caiga en un caos más duradero e impredecible.

Persiste aún esta tendencia a creer que somos el hombre de Vitruvio, que estamos en el centro de todo pero separados de ese todo, a pesar de que todos los indicios indican lo contrario. Pero a la química no le importan nada nuestros delirios antropocéntricos, y estas sustancias tóxicas que inhiben los sistemas neuronales de insectos y parásitos, o que queman el suelo para eliminar malas hierbas no deseadas, son hábiles para ascender en la cadena alimentaria, para concentrarse en los cuerpos y grasas de los animales depredadores, hasta regresar al remitente: nosotros.

El tiempo también parece estar de su lado. La arena de sus clepsidras fluye a un ritmo más lento para los fertilizantes y pesticidas, que permanecen intactos en el suelo, el agua y la atmósfera durante generaciones. El Agente Naranja, nombre en clave del herbicida utilizado por las tropas estadounidenses para diezmar las hojas de los bosques vietnamitas donde se escondía el ejército enemigo, sigue pasando factura a las generaciones nacidas en una época en la que la guerra solo se puede ver en Netflix. Incluso hoy, quienes nacen en los lugares que estuvieron más expuestos a las toxinas del Agente Naranja tienen altas probabilidades de sufrir deformidades, retrasos cognitivos o muertes prematuras. La misma suerte corrieron también los numerosos soldados estadounidenses que estuvieron expuestos a las dioxinas. La población local aún no ha sido reconocida como merecedora de compensación ni por Estados Unidos ni por las empresas que produjeron el agente químico, repetidamente acusadas por las asociaciones civiles, las mismas empresas que hoy garantizan la salubridad de un herbicida más moderno y más cuestionado, el glifosato. Lo mismo que empujó, años después y en otro continente, a los agricultores paraguayos a acuñar el lema «La soja mata».

Cuando, una mañana de enero, la madre envió a su hijo de once años, Silvino Talavera, a hacer unas compras al colmado situado a pocos minutos de casa, no podía prever que aquel pedido cambiaría su vida, y la de su comunidad, para siempre. Ese día de 2003, mientras regresaba por el camino sin asfaltar que recorría en su bicicleta, el destino del niño se entrelazó con el de un «sojero», término despectivo utilizado por los nativos paraguayos para llamar a los cultivadores de soja brasileños. El campesino estaba fumigando su campo con la mezcla habitual de herbicidas e insecticidas que habría garantizado que las plantitas genéticamente modificadas crecieran sin trabas. Un descuido, al pasar demasiado cerca del borde de la carretera, y el chorro embistió al niño, que en ese preciso momento pasaba por allí a toda velocidad. Regresó a casa empapado, y poco tardó Silvino en dar los primeros síntomas de un fuerte malestar físico; poco después, los demás habitantes de la casa también empezaron a sentir náuseas, fiebre y cansancio. A los pocos días, la salud del niño empeoró, lo que llevó a sus familiares a llevarlo a toda prisa al hospital, donde perdió el último hilo de conocimiento. Desgraciadamente, el tratamiento médico no sirvió de nada y el niño murió en medio de la desesperación general. En los meses siguientes, la familia no se dejó intimidar por las diversas presiones que les instaban a aceptar su destino. Se abrió una causa judicial que puso en evidencia no solo la muerte del niño, sino cómo la salud de la comunidad que vivía al lado de los campos de soja arrojaba señales de continuo deterioro, con tasas de aparición de tumores superiores a las de lugares donde la soja no estaba presente, así como otras patologías vinculadas a prácticas agrícolas intensivas.[61]

Y aquí vuelven a aparecer los animales de granja, con su necesidad de alimento. El uso de herbicidas y pesticidas se ha más que duplicado desde los años noventa a nivel global, pero donde han alcanzado nuevos récords es precisamente en Estados Unidos, Brasil y Argentina, los tres principales países productores de soja. Desde 1980 hasta 2019, Brasil pasó de producir quince millones de toneladas de soja a 114 millones. Y es precisamente en este país donde se utiliza el 20% de los pesticidas del mundo. Y no es casualidad que el 90% de la soja cultivada en Brasil —aunque la situación es similar en los otros dos países— sea una variedad genéticamente modificada específicamente para resistir el uso de los herbicidas y pesticidas más potentes y modernos, que pueden actuar imperturbables contra cualquier otra especie. Uno de ellos es, precisamente, el glifosato, actualmente el herbicida más común en el mundo, que varios países europeos se están preparando para abandonar, unos antes y otros después, a partir de 2022.[62]

Otros compañeros químicos, y una gran revolución en el ámbito agrícola, son los fertilizantes. El nitrógeno, el fósforo y el potasio son elementos imprescindibles para todo agricultor que desee aportar al suelo los nutrientes necesarios para la próxima cosecha. Los de origen animal o vegetal se consideran orgánicos, los de origen mineral se consideran complejos o sintéticos —para producirlos se utiliza mucha energía, por lo que su precio está fuertemente ligado al mercado internacional del gas y del petróleo—, y han desempeñado un papel crucial en el aumento de la productividad agrícola durante el último siglo. A nivel ambiental se convierten en un problema cuando el suelo, inundado por el uso inmoderado que se hace de ellos, ya no es capaz de absorberlos y los libera a través del agua de lluvia, riachuelos, arroyos, hasta desembocar en ríos mayores, estuarios y finalmente en el mar. En las cuencas más cerradas, este vertido químico, combinado con pesticidas y herbicidas, crea cócteles mortales en los que solo algunas algas infestadas parecen sobrevivir. Un ejemplo de ello es el golfo de México, donde el agua que llega desde el Misisipi, tras haber atravesado los campos de maíz y soja de los estados circundantes, crea nuevas extensiones de prados verdes, pero en la superficie del agua, y también arenas movedizas que asfixian cualquier otro conato de vida.

Pero el agua no es el único elemento que sufre por el uso excesivo de fertilizantes químicos. Estamos perdiendo el suelo bajo nuestros pies sin darnos cuenta. La fina capa de suelo que permite la vida tal como la conocemos, resultado del encuentro químico entre diferentes épocas, de microorganismos con una vida útil de unos pocos días, que junto con minerales de miles de millones de años contribuyen a la fusión entre la planta y el animal en su simultánea descomposición, está desapareciendo. La agricultura intensiva y, en particular, el desequilibrio químico de los fertilizantes utilizados sin parsimonia, facilitan la erosión de esta fina corteza, demasiado compacta para permitir que brote nueva vida, desértica e incapaz de retener el exceso de agua de lluvia, como lo demuestran los continuos derrumbes, avalanchas y corrimientos de tierra que empiezan a llamar a las puertas de todo el Norte cada vez con mayor insistencia. Nuestra saturación productiva va devorando la fina epidermis vital del planeta, centímetro a centímetro, mientras miramos al cielo admirando a los multimillonarios que se permiten el lujo de diez minutos en el espacio con costes medioambientales vertiginosos.

Y como en un juego de espejos, los quintales de fertilizantes y pesticidas que mantienen en pie plantas que de otro modo serían tan vigorosas como las algas en la playa después de una marejada, se traducen como antibióticos y hormonas de crecimiento cada vez más utilizados en la ganadería intensiva, donde miles de animales viven hombro con hombro durante toda su existencia, encerrados en monoambientes donde el comedor y el baño coinciden peligrosamente, y donde la falta de aire libre y de movimiento sofocan cualquier destello de crecimiento. Los esteroides anabólicos, esos que a veces causan escándalo en el mundo del deporte, también dan un buen impulso para ganar en el mercado de la agricultura intensiva. Para dar una idea de los efectos de las hormonas del crecimiento en las granjas, el escritor Jonathan Safran Foer, en *If Nothing Matters,* invita al lector a imaginar a un niño que en apenas diez años alcanza los ciento cincuenta kilos de peso, gracias únicamente a suplementos vitamínicos y barritas de proteínas. Pero los consumidores no deben preocuparse demasiado, porque, aunque ahora se reconoce que algunas de estas hormonas provocan cáncer, la Food and Drug Administration (FDA, Administración de Alimentos y Medicamentos) de Estados Unidos ha acordado con la industria reducir gradualmente su uso cuando solo esté dirigido al crecimiento muscular o a una mayor producción de leche, pero no por motivos de salud. En las diversas correspondencias y reuniones entre agentes gubernamentales, organismos de control y *lobbies* industriales, la palabra «voluntariamente» debe de haberse escapado del bolígrafo de alguien para quedar impresa con carácter definitivo en los documentos oficiales. Esto explicaría por qué, a partir de 1977 (año en que se publicaron las notas oficiales sobre su peligrosidad y necesidad de reducción),[63] las tendencias de uso nunca han mostrado signos de desaceleración, sino todo lo contrario. El poder de mercado analizado en el capítulo anterior se manifiesta aquí en un simple adverbio de uso cotidiano, que sin embargo puede influir en la vida y la salud de millones de personas en todo el mundo.

En lo que se refiere al uso de antibióticos, imagínese entrar en una farmacia de barrio. Dondequiera que estemos en el mundo, podemos esperar encontrar estantes con una cierta variedad de medicamentos, cremas, analgésicos, bálsamos, gasas y diversas variaciones de ungüentos. Una vez que hayamos dado los primeros pasos en el interior, nos golpeará el típico olor a desinfectante, a esa limpieza que tiende a lo maniaco, reforzado por las batas blancas de los dependientes tras el mostrador. Pues bien, para tener una idea de la cantidad de fármacos producidos que acaban en la cadena alimentaria de la proteína animal, divide mentalmente el espacio en tres partes. Uno con todos los estantes a tu izquierda, otro a la derecha y otro frente a ti. Aquí, solo el segmento que tenemos ante nosotros, un tercio del total, representa la verdadera porción de antibióticos destinados a uso humano. El resto encontrará la manera de llegar hasta nosotros, pero primero tendrán que pasar por nuestras granjas favoritas.

La mayoría de los antibióticos vendidos en el mundo están destinados a las frágiles gallinas ponedoras que corren el riesgo de sufrir una hecatombe por un estornudo de más, a los terneros jóvenes que necesitan ganar peso rápidamente para no costar demasiado a los contribuyentes, a los cerdos aburridos en los pocos metros cuadrados disponibles, donde morder y ser mordido por los vecinos parece una alternativa preferible al tedio total.[64] Más vale prevenir que curar, por lo que se dan generosamente medicamentos en especial a animales en perfecto estado de salud física, anulando cualquier sueño de Hipócrates, en un círculo vicioso en el que, como siempre, el riesgo recae sobre las comunidades y el beneficio se refugia en los bolsillos de unos pocos particulares. Pero no se usan solo con fines preventivos. Los antibióticos favorecen, donde las hormonas no llegan, el crecimiento de la masa muscular cuando el cuerpo no tiene que gastar energía para defenderse.

Cada año, más de setecientas mil personas mueren tras enfrentarse a bacterias resistentes a todo tipo de antibióticos. Desde hace años, las Casandras modernas, desde sus oficinas en la sede de la Organización Mundial de la Salud en Ginebra, nos advierten de cómo el uso excesivo de antibióticos puede estimular la evolución de patógenos cada vez más fuertes, y predicen más de diez millones de muertes para 2050.[65]

Deberíamos abandonar la idea de ser como inconscientes Mitrídates, el paranoico adversario de la República romana que intentó hacerse inmune a los venenos tomando pequeñas cantidades de ellos todos los días para acostumbrar el cuerpo, porque las leyes alquímicas, a diferencia de las humanas, no conocen la misericordia y requieren siempre un contrapeso, por muy inmunes que pensemos que somos a ellas. La luz no puede existir sin la sombra. Y el uso constante y masivo de estas mezclas, si bien permite las grandes economías de escala de lo intensivo, al mismo tiempo aumenta la probabilidad de crear bacterias y parásitos cada vez más resistentes a los químicos que ponemos en circulación. Reduciéndolo todo al bueno de Charles Darwin y sus teorías de la evolución basadas en quién se adapta mejor al entorno, la posibilidad de crear familias de superbacterias no es tan utópica.

Así comienza una cruenta partida de ajedrez entre el sistema intensivo y las leyes que gobiernan el mundo natural.

El problema del hacinamiento y las infecciones lo soluciono con el uso de fluoroquinolonas, que permiten que mis pollos sobrevivan en condiciones higiénicas deplorables, no importa si la suciedad se acumula en cada uno de sus poros hasta tal punto que ni los chorros de agua hirviendo a alta presión podrán despegarla. El siguiente paso será entonces minimizar el riesgo de denuncias y multas por incumplimiento de los controles o por daños contra la salud pública, en caso de que alguien llegue a intoxicarse. La química, de nuevo, acudirá al rescate en forma de lejía nebulizada. Una nube ácida sofocará cualquier intento de resistencia a los patógenos, sin causar ningún daño inmediato al consumidor. Esto sirve para limitar su peligro, no su presencia en el plato. *I'm loving it!*

La diferencia con una partida de ajedrez, sin embargo, reside en que cuando se juega con seres vivos, mutables y adaptables, los movimientos no siempre se limitan al marco del tablero, y los estrategas de traje y corbata no siempre conocen todas las reglas. En un intento constante por garantizar un beneficio cada vez mayor, un aumento de la masa muscular de las pechugas de pollo corresponde a su creciente dificultad para respirar, lo que a su vez conduce a mayores tasas de mortalidad. Un manto de cadáveres, cubiertos de plumas, polvo y excrementos, no es precisamente el no va más de la limpieza, lo que aumenta la probabilidad de que se desarrollen enfermedades y mueran aún más animales. Luego es necesario rebobinar la cinta, presionar *play* por segunda vez, asegurándose, sin embargo, de que el volumen sea más alto y, por lo tanto, más antibióticos, en un bucle similar al de los pesticidas en los campos de soja. Los fármacos ya no cumplen su misión de curación, sino de persistencia terapéutica para garantizar la supervivencia del animal hasta el momento del hachazo.

Causa un ligero dolor, como alfileres que se clavan lentamente en el costado, estudiar, en pleno Coronaceno, cómo toda la literatura crítica con la ganadería dedica grandes capítulos al riesgo de pandemias resultantes de la creación de bacterias resistentes a estos tsunamis de fármacos. Sin embargo, la organización no gubernamental Germanwatch descubrió en un estudio que el 51% de las muestras de carne de pollo de las tres principales empresas cárnicas de la UE revelaban la presencia de patógenos resistentes a los antibióticos,[66] al igual que un estudio de Greenpeace en 2021 encontró gérmenes resistentes en treinta de las treinta y tres muestras recogidas en aguas residuales de tres mataderos alemanes.[67] Aún menos tranquilizadora es la idea de que estos resultados provengan de países de la Unión Europea, que es el ámbito más conservador en lo que al uso de antibióticos en ganadería se refiere.

La soja, como cualquier otro monocultivo, se convierte en el reflejo de un mundo capitalista. Lo que parece una extensión ordenada, un césped inglés, resulta más bien una vieja alfombra empapada de química, que requiere enormes cantidades de energía, fertilizantes, pesticidas y combustibles para permanecer intacta, para mantener la idea de progreso, para ocultar las enormes grietas en la fragilidad del propio sistema. Igual que las resplandecientes megalópolis con sus rascacielos no son más que lugares imaginarios, ya que esconden los barrios marginales que garantizan el funcionamiento de la fachada más glamurosa con su mano de obra barata. La tan cacareada eficiencia del confinamiento, la idea de haber logrado concentrar tanta productividad en tan poco espacio, se derrumba ante la inmensidad de los campos necesarios y el agotamiento ambiental que requieren.

Y a esto asciende, entonces, la cuenta de los procesos neoliberales incontrolados para nutrir la materia viva que a su vez nos nutrirá a nosotros. Y los costes en términos de salud y medio ambiente que no se reflejan en los precios que se exponen en los supermercados. Deforestación, pérdida de biodiversidad, contaminación de las faldas acuíferas, resistencias bacteriológicas crecientes y suelos cada vez más desérticos: son muchos los tentáculos que se acercan y bailan alrededor de la presa, desorientándola, hiriéndola, sin prever de dónde vendrá el golpe final. Este panorama comprende solo algunos de los elementos más evidentes del vínculo entre la erosión de la salud ambiental y la necesidad de producir alimentos para alimentar a los animales dentro del sistema intensivo.

Hay también otro problema, del mismo orden moral, si es que no superior. Estos redondeados flujos de granos y semillas insisten en no comportarse como el gato de Schrödinger. Es decir, no coexisten por una parte dentro de los comederos de las fábricas de animales, y al mismo tiempo en la mesa humana, en forma de harinas, bebidas, pastas, tofu, salsas y demás. O lo uno, o lo otro. Al menos, en nuestra dimensión.

Mucho ruido y pocas nueces

Desde los albores del proceso de urbanización, los compañeros no humanos que hemos elegido como vecinos cercanos no solo han tenido la función de proporcionarnos las proteínas que necesitábamos. Los bueyes se convierten en el motor para arar los campos, ofrecen calefacción —como nos recuerda la estética del belén cristiano—, abono e incluso compañía. Del mismo modo que los cerdos son carroñeros útiles que garantizan que no nos inunden nuestros propios desechos. Las comunidades nómadas, en cambio, todavía hoy prefieren otros animales, como caballos, ovejas o camellos, que requieren menos cuidados y son capaces de encontrar su propio forraje en los largos viajes que comparten con los humanos. Pero la razón del éxito de estas convivencias no es la utilidad, o al menos no es el único motivo. La clave está en la ausencia de competencia por otros recursos alimentarios. Los rumiantes podían transformar en leche y carne el heno y otras hierbas duras y coriáceas compuestas de celulosa que eran indigeribles para los humanos; los cerdos, en cambio, omnívoros como nosotros, hubieran querido tener un lugar en nuestra mesa como comensales, pero se conformaban, una vez más, con lo que para nosotros eran desperdicios.

Todo cambió con la llegada de la agricultura intensiva y con la revolución tecnológica agrícola que permitió un aumento de la producción y una disminución de los precios. Hoy en día, dos tercios de los cultivos mundiales acaban sirviendo de alimento a los animales, que a su vez se convertirán en alimentos, como carne, huevos, leche y derivados. Pero no para todos, ni de la misma manera.

Sin embargo, el sistema intensivo tiene una justificación con la que anula todas las acusaciones que he hecho hasta ahora a nivel medioambiental y social. Un as bajo la manga del que hace gala cada vez que le señalan la destrucción total que trae consigo. El monocultivo y la industria cárnica intensiva alimentan al mundo. Garantizan la producción de toneladas de alimentos necesarios para alimentar a una población mundial que está a punto de alcanzar la cifra récord de ocho mil millones. ¿Qué más da un arroyo contaminado, algún que otro niño asfixiado por el glifosato, el terreno que se ha convertido en desierto porque ha sido contaminado más allá del tiempo, en comparación con la noble causa de llenar los platos de otros niños con los pómulos afilados y ojos abiertos de par en par? Es difícil argumentar en contra de esta sentencia. ¿Quién no querría solucionar el hambre en el mundo?

¿Quién querría ser acusado de estar a favor de la inseguridad alimentaria? Muy poca gente. Pero solo hay un pequeño problema: no es una sentencia correcta, al contrario.

Desde 2021, por primera vez en décadas, el hambre humana ha comenzado a aumentar de nuevo. Más de 957 millones de personas no tienen hoy suficiente para comer, según los últimos datos de Naciones Unidas, considerada entre otras cosas una de las fuentes más prudentes.[68] En un mundo donde se producen suficientes calorías para alimentar a más de diez mil millones de personas y se tira a la basura un tercio de ellas, esto no es una estadística, es una afrenta. Y si la mayoría de los cereales y semillas oleaginosas, que podrían ser calorías baratas para la población, se desvían hacia procesos que los convierten en carne, que en ciertas regiones del mundo sigue siendo alimento de la élite, entonces las vías de la pobreza y de la abundancia se encuentran justo entre las fibras de un filete. En una dirección contraria a la narrativa que ve en los grandes distribuidores de maíz y soja de Iowa y en los gigantes mundiales de la carne, como JBS y Tyson, paladines contra el hambre en el mundo, las filas de personas que hacen cola ante los centros de distribución de alimentos aumentan mes tras mes desde el norte hasta el sur.

La biología no quiere ceder ante la dictadura de la eficiencia, y si bien es cierto que en las últimas décadas hemos seguido seleccionando pollos, vacas y cerdos cuya masa muscular crece cada vez más rápidamente, sin prestar atención a las estructuras óseas que los sustentan y que se desmoronan bajo el peso de la hipertrofia, todavía es necesario utilizar kilos de grano y heno para obtener un solo kilo de carne. Desde el salmón hasta el pollo, se necesitan al menos cuatro calorías vegetales para producir solo una caloría animal. La reina del despilfarro es la carne roja de vacuno, que entre todas las carnes es la que requiere el mayor sacrificio de agua, tierra y energía antes de ser consumida en la mesa. De hecho, cada vez que una persona devora una hamburguesa, consume los recursos con los que podrían comer entre cinco y nueve personas.[69]

Algo no cuadra, porque si es cierto que nunca se ha consumido tanta carne como en la actualidad, también lo es que este crecimiento es desigual. Las regiones más ricas se llevan la mayor parte. Solo Estados Unidos se come tres veces la cantidad de proteína animal que se consume en todo el mundo, y lo hace a pesar de ser poco más del 4% de la población total. En otros lugares, especialmente en el sur global, hay zonas donde su consumo es casi inexistente, como en el África subsahariana. En Nigeria, el consumo per cápita de carne se estima en alrededor de 3,5 kilogramos por año, en comparación con los 101,1 de Estados Unidos.[70] Hacer que los cereales pasen del consumo humano al consumo animal significa redistribuirlos, negárselos a las clases más pobres y destinarlos a las más ricas, aquellas que pueden permitirse el lujo de la carne siempre y en cualquier circunstancia. Brasil, un país que revive la peor crisis alimentaria de los últimos treinta años con más del 15% de las familias pasando hambre, no deja de exportar calorías, sus tierras, recursos hídricos, biodiversidad y oxígeno y ofrecerlos al mejor postor, más allá de sus fronteras.[71] La soja cultivada en América del Sur se utiliza para alimentar a los cerdos en las fábricas polacas, que luego se convierten en picadillo para las hamburguesas que se servirán en Corea del Sur.

La carne, entonces, se convierte en desigualdad. La exclusión de gran parte de la población mundial de este banquete es una condición necesaria para el sistema, a pesar de que las grandes empresas exhiban como lema en sus páginas web que su verdadera misión es alimentar al mundo. Pero este modelo no solo no funciona, sino que, a juzgar por la creciente inseguridad alimentaria, ni siquiera es deseable como solución. Si todos pudieran aspirar al consumo del Norte del planeta, tendríamos que inventar algo mucho más elaborado que unas tiendas de campaña en Marte.

Ya hemos sobrepasado nuestra capacidad máxima de resistencia, como demuestran los veranos abrasadores, las sequías, los incendios y las tormentas monzónicas que literalmente nos sacuden, como últimos pitidos de alarma.

Estos son los pies de barro sobre los que se asienta el moderno sistema agroindustrial intensivo. Un sistema que debe ser integral, asegurando que cada componente esté en el lugar correcto y cumpla su función, precisamente para enmascarar su extrema fragilidad. Como esos sistemas dictatoriales que se vuelven más peligrosos y brutales precisamente en el momento de su decadencia, cuando quienes están en el poder sienten que se les escapa como arena entre los dedos y contraatacan con la violencia y el terror con la idea de ganar un poco de tiempo.

Pero el impacto de la industria animal sobre el medio ambiente no se limita a su dependencia y a los rebotes y paralelismos con la agricultura intensiva, a la contaminación por el uso masivo de fertilizantes y pesticidas, a la reducción de la biodiversidad y a la dependencia de un puñado de semillas entre los cientos de especies de plantas comestibles que existen en nuestro planeta. Para ver el resto, es necesario pasar a las dos siguientes fases de la digestión, tema eludido durante mucho tiempo y poco mencionado, porque resultaba visceralmente inadecuado como tema de conversación en discusiones diplomáticas.

HERVIR Y AGITAR

Pon la oreja a su lado
y oirás
la marea de sus cuatro estómagos.
El segundo, similar a una red,
tiene el nombre de una constelación:
Reticulum. El tercero,
el Psalterium, se parece
a las páginas de un libro.
Cuando enferma
y pierde la voluntad de masticar,
sus cuatro estómagos permanecen
tan silenciosos como una colmena en invierno.
JOHN BERGER

Efecto invernadero

Imaginemos a los pastores primigenios como los primeros saciados por el sol. El líquido que ordeñaban y luego bebían de las alforjas era la única forma de disfrutar, en cierto modo, del rayo captado por la fotosíntesis de la planta, que a su vez era transformado en leche por el animal que primero la había pastado.

Es precisamente a través del estómago rumiante compuesto por las cuatro cámaras descritas en los versos de Berger[72] que ciertos microbios y bacterias hacen posible la digestión de sustancias coriáceas demasiado hostiles para el estómago humano. Lástima que en su proceso de destruir, fermentar, descomponer y digerir se generen algunos de los gases más nocivos para el efecto invernadero. Ya se sabe cuál es su influencia. Como una inmensa manta, impiden que el calor de los rayos del sol que rebotan sobre la superficie terrestre se salga de la atmósfera. Una ligera manta en una tarde de primavera es agradable: sin el efecto invernadero, la temperatura media de la Tierra rondaría los veinte grados bajo cero. Sin embargo, en las últimas décadas, numerosas actividades humanas han acelerado este proceso, decidiendo añadir capa sobre capa de lana, cuando el calor del verano ya empieza a apretar. Y entre estas actividades, no hace falta decirlo, se encuentra la ganadería intensiva.

El gas protagonista de la escena es el dióxido de carbono, o CO_2, que se emite en un 80% para crear energía para el transporte y la calefacción, seguido de un buen 18% procedente del sector agrícola, en el ejemplo de los tomates o en las campañas de deforestación, los pesticidas, los fertilizantes, en los que el mundo se ahoga y se quema.[73] A continuación, hay otros dos gases que, a pesar de estar presentes en menor cantidad en la atmósfera, tienen un potencial de calentamiento mucho mayor que el dióxido de carbono: el metano y el óxido nitroso. Como si ya estuviéramos envueltos en un par de pesadas mantas de lana, metidos en la cama con una fuerte gripe, y alguien decidiera subir la temperatura de la habitación por encima de los cuarenta grados, cincuenta, sesenta. La mano de la persona que inexorablemente sube el termostato es la misma que ordena que toneladas de soja y maíz se desplacen por los continentes del mundo. El 37% de las emisiones de metano y el 65% de las de óxido nitroso son atribuibles a la ganadería.

Porque, si bien es cierto que otros sectores son los que más CO_2 producen, la ganadería intensiva produce gases mucho más insidiosos. El metano tiene un potencial de calentamiento global ochenta y seis veces más destructivo que el dióxido de carbono que despiden nuestros coches. El óxido nitroso tiene un potencial de calentamiento de 310, un valor técnico que indica que, a lo largo de un periodo de cien años, su capacidad para atrapar el calor en comparación con el CO_2 es al menos trescientas veces mayor.

Es una cuestión de masa crítica. Cuantos más rumiantes tengamos en un momento dado, más gas producirán y mayor será el impacto sobre las temperaturas. Las últimas estimaciones mundiales hablan de unos mil millones de bovinos, además de millones de otros rumiantes más pequeños, como las cabras y las ovejas, que contribuyen a la compleja sinfonía que conduce al calentamiento global. Y las previsiones futuras apuntan al aumento.

Así pues, la industria ganadera es responsable de entre 4,6 y 7,1 toneladas de gases de efecto invernadero. Incluso si se suma la producción de cada coche, barco, avión, tren, camión, autobús y cualquier otro vehículo impulsado por combustibles fósiles, a largo plazo no hay punto de comparación con los rumiantes que acaban siendo hamburguesas baratas en todos los rincones del planeta. De hecho, las cinco mayores empresas cárnicas y lácteas producen el mismo volumen de gases de efecto invernadero que la Exxon, una de las mayores petroleras del mundo.[74] ¡Y yo que, al más puro estilo Disney, me imaginaba a las grandes potencias petroleras con la capa negra de villano archienemigo del medio ambiente! Es difícil abordar con eficacia el propio descontento político y social cuando uno se mueve en semejante teatro de sombras.

PIIGS

Pero el impacto de la ganadería sobre el medio ambiente no termina bajo el lento rumiar de millones de hocicos húmedos. Más contaminante que las aguas residuales urbanas sin tratar, y más libre de fluir al margen de las normativas estatales y regionales, la última entrada en el capítulo de los daños medioambientales lleva la etiqueta, casi amable, de abonos orgánicos. El estiércol también desempeña un papel importante en la batalla climática. Según las últimas estimaciones de la FAO, los tres principales gases de efecto invernadero —metano, dióxido de carbono y óxido nitroso,[75] también conocido como gas de la risa— están relacionados con la ganadería intensiva en un 45% a través de la producción y el procesamiento de piensos, en un 39% a través de la fermentación entérica, y el resto a través de la gestión del estiércol.[76] Pero los números y las estadísticas no siempre dan una idea de sus propias implicaciones.

En septiembre de 2018, el huracán Florence, formado a miles de kilómetros de distancia, en las lejanas costas de Cabo Verde, se acercó amenazante a Carolina del Norte. Las imágenes de sus tierras inundadas, veinte años antes, por otro huracán, el Floyd, seguían vivas en la memoria de los habitantes. Fotos de hombretones con largos chubasqueros de plástico moviéndose torpemente en el agua turbia dieron entonces la vuelta al mundo. Lo que hacía especiales aquellas imágenes eran los cuerpos que estos hombres intentaban alcanzar con unos bastones: hinchados y rígidos, cadáveres de cerdos flotaban como globos en la superficie del agua, sin avergonzarse de su repentina putrefacción. Años después, con la llegada de nuevos huracanes, no solo hay que temer a los cadáveres putrefactos. Porque las lluvias que siguen al huracán corren el riesgo de desbordar los cientos de lagunas de aguas residuales, resultado de los cientos de criaderos de cerdos que se han instalado en el país en los últimos años. Si sucediera, unos cuantos equipos de hombres no bastarían para limpiar el desastre medioambiental que se produciría; esas tierras se volverían inhabitables durante décadas.

Carolina del Norte es la cuna de Pepsi, la bebida rival de Coca-Cola. Pero la zona no es famosa en Estados Unidos por eso. Alberga una de las mayores concentraciones de cerdos del mundo. Por cada diez millones de habitantes humanos, hay unos ocho con hocico y cola rizada. Este récord se manifiesta en las extensiones rosas y ámbar que forman las lagunas en constante peligro de desbordamiento: si se calcula que cada cerda, cerdo o lechón produce al menos cinco veces más excrementos que su homólogo humano, no hace falta molestarse con complejos modelos aritméticos para darse cuenta de que en caso de que las lluvias intensas de un huracán provoquen la implosión de estos pantanos de purines, todo el país estaría de mierda hasta el cuello.

No se trata de un problema limitado a las fronteras de Carolina del Norte. El documental de 2014 *Cowspiracy* informa que en Estados Unidos se generan más de tres mil toneladas de residuos animales cada minuto.[77] Un burbujeante hervidero de material que no solo contiene excrementos, sino también antibióticos, amoníaco, metano, sulfuro de hidrógeno, monóxido de carbono, cianuro, fósforo, nitratos y metales pesados, lo que lo convierte en un cóctel difícil de digerir para las comunidades en las que se vierte.[78]

Porque las montañas de grano producidas, una vez digeridas, se convierten en un problema en forma de defecaciones. Aunque la industria siempre ha intentado obtener beneficios incluso de los residuos animales, convirtiéndolos en abono, en biogás o incluso en material de construcción, la cantidad producida es un tsunami cuyo ritmo no puede seguir ningún departamento de investigación, desarrollo e innovación.[79] La Agencia de Protección del Medio Ambiente de Estados Unidos (US EPA) ha calculado que una granja con 2500 vacas lecheras produce la misma cantidad de residuos que una ciudad de 411.000 habitantes.[80] En Holanda, más del 80% de las granjas producen estiércol por encima de lo que podrían utilizar legalmente como fertilizante.[81] Un artículo de *The Guardian* recoge que, entre 2010 y 2016, hubo más de 424 incidentes de contaminación medioambiental grave relacionados con la mala gestión de los residuos de granjas avícolas, ovinas y bovinas.[82]

La alta concentración de gases emitidos por el estiércol tiene implicaciones dramáticas que van más allá del calentamiento de la Tierra. Si no se tratan —y las obligaciones de las empresas, ni que decir tiene, son muy laxas, gracias a la *labor limae* de nuestros *lobbies*—, además de las mezclas químicas enumeradas más arriba, pueden contener lo que la lejía rociada en las pechugas de pollo ha evitado y los baños hirviendo en los cuartos de cerdo han intentado erradicar. A través de las aguas residuales utilizadas como fertilizantes, la *Escherichia coli,* la salmonela y el *Clostridium botulinum* encuentran una nueva plataforma de lanzamiento hacia el mundo en las tierras de cultivo donde se esparcen.

Ahora tenemos elementos para analizar desde otra perspectiva la adquisición, en 2014, de la estadounidense Smithfield por parte de la china Shuanghui. No solo cambió las coordenadas del comercio internacional, sino que al adquirir el gigante estadounidense también adquirió indirectamente el grano para pienso y las extensiones de agua que necesitaba, dejando a las comunidades estadounidenses los desechos, las aguas residuales, la contaminación de la falda del terreno, el aire irrespirable, los cánceres y el asma.

En las zonas donde hay gallineros o, peor aún, pocilgas, está estadísticamente demostrado que los niños tienen más probabilidades de desarrollar enfermedades respiratorias, asma, eczemas o erupciones cutáneas que sus coetáneos nacidos en zonas sin granjas. De ahí el síndrome del niño azul, llamado así por el color cianótico que adquiere la piel de los niños en zonas donde el agua corre el riesgo de estar contaminada por los nitratos de las explotaciones ganaderas. En un estudio de 2009, se demostró que la duplicación del número de animales en una zona determinada se correspondía con un aumento del 7,4% de la mortalidad infantil.[83] Pero no solo se perjudica la salud de las personas que viven en los alrededores: el valor de la zona cae en picado ante la mera perspectiva de que se instale allí una granja de cría. De hecho, se instalan en zonas ya de por sí pobres o menos influyentes políticamente, que sufrirán un mayor deterioro de la calidad de los contratos colectivos, así como de la salud mental, comprometida por los mayores niveles de ansiedad y depresión. ¿Quién querría vivir en una casa en la que, los días en que la empresa se deshace de sus aguas residuales rociándolas en los campos de la zona, abrir las ventanas equivale a una condena a la asfixia y a tener los ojos llorosos durante días? Pero hay quienes no tienen elección: incapaces de moverse como un árbol anclado al suelo, tendrán que lidiar con los más de trescientos treinta compuestos químicos malolientes que, como partículas de luz, se arremolinan en la atmósfera. Las carreteras se llenan de baches, las empresas trasladan sus sedes, los servicios públicos se mutilan, y todo ello será sustituido por lo que las empresas decidan patrocinar de vez en cuando, como por ejemplo casas adosadas de madera para alojar a los empleados, clínicas de urgencias que limitarán el número de días de baja por enfermedad y las reclamaciones de indemnización en caso de accidente laboral, o un equipo de béisbol local.

También hay efectos nefastos que se entrecruzan de forma imprevista. Cuando la crisis financiera de 2007 golpeó Europa, España, Portugal, Irlanda, Italia y Grecia —que fueron rebautizados por la prensa con el acrónimo PIIGS, los países «cerdos», los que habían vivido fuera de control, por encima de sus posibilidades, no como sus puritanos primos del norte del continente— fueron los Estados que más sufrieron la reestructuración de la deuda pública. En Cataluña, una de las regiones productoras de carne de cerdo más importantes (no solo de España, sino de toda Europa), mucha gente, al verse recortar sus fuentes de sustento, vuelve a utilizar lo que siempre ha sido el último refugio refrescante en los tórridos veranos: las fuentes públicas. Lástima que, desde hace años, el agua ya no sea potable; de hecho, ahora es realmente tóxica. Una vez más, las aguas residuales de las explotaciones de ganadería intensiva tienen algo que ver. Los altos niveles de nitratos detectados, procedentes de las filtraciones de agua de las granjas porcinas cercanas, han llegado hasta allí. El suelo, sobre el que se esparció el estiércol producido por los cerdos sin pasar antes por los tratamientos que exige la ley, no retiene tales cantidades de contaminantes. Y, como efecto indeseable, se ven comprometidas las aguas pluviales y subterráneas que atraviesan los campos, recogidas en los embalses que abastecen las ciudades, que ahora se han convertido en un bien público necesario por las nuevas estrecheces económicas en las que se encuentra un porcentaje cada vez mayor de la población urbana.[84] En la etiqueta de cada jamón ibérico se ven encinas y campos, imágenes rurales con las que la industria oculta su verdadera naturaleza, una cloaca desbordada que se vierte en su propia casa, impregnando sus alfombras, la ropa tirada en el suelo, las paredes.

Externalidades negativas, término técnico para indicar que es otro sujeto ajeno a la empresa económica el que se comerá el marrón. En este caso, la sed o la enfermedad. Como suele ocurrir, las injusticias medioambientales se producen en comunidades ya empobrecidas, cuya voz política para denunciar los abusos es débil porque están ocupadas denunciando la falta de empleo, el desmoronamiento de las infraestructuras, la falta de educación y de atención sanitaria.

El clasismo y el racismo se dan cita a menudo entre las defensas de la industria cuando alguien intenta levantar el dedo acusador contra los abusos. En el caso del niño paraguayo Silvino Talavera, que no sobrevivió a la lluvia de pesticidas, la defensa intentó en el juicio atribuir su muerte a las malas condiciones higiénicas de su hogar, culpando a la madre de mala gestión en su papel de madre y ama de casa. En la misma línea, cuando los mataderos de Alemania se convirtieron en repentinos focos de COVID-19, la dirección de la industria y los políticos relacionados con ella se lanzaron a hacer declaraciones defensivas con tintes extremadamente racistas. La causa de la elevada tasa de contagio no había que buscarla en las condiciones de trabajo de los empleados sino, según sus palabras, en las preferencias culturales de estos, que se sienten más a gusto en casas destartaladas y abarrotadas. Una de las máscaras más odiosas del capitalismo es que ha conseguido que la pobreza se convierta en culpa. Sobre todo cuando las comunidades intentan rebelarse contra la arrogancia de las multinacionales. Ahí volverá la cantilena de la importancia del mérito individual, la falta de espíritu emprendedor y la pereza inherente a la genética de algunas personas como argumento para la defensa de los jefes («Si no puedes conseguirlo, es culpa tuya»), anestesiando las injusticias estructurales con un sentimiento de vergüenza y derrota personal.

Los huracanes, los acuíferos envenenados, el agua intocable y la constante sensación de estar a un paso de alguna tragedia medioambiental se han convertido, con el paso de los años, en parte del tejido de la vida cotidiana de muchas comunidades. Incluso a los primeros se los bautiza con nombres comunes: Berta, Fran, Floyd, como si fueran los compañeros de colegio con los que nos encontramos con desgana años después en una pizzería de provincias. Este es el gran engaño del sistema neoliberal, hacer que se perciban como tragedias recurrentes que se abaten sobre algunas comunidades más desafortunadas, un juego sádico del azar, pero exógeno a la responsabilidad de las empresas. De hecho, si hay que buscar un culpable, este se encuentra en el sistema digestivo de los animales, en sus apetitos y visceralidad. Al poner el acento en esto, se desvía la atención del modelo extractivo, del abuso de poder, del propio modelo económico; así, la industria se propone resolver el problema a través de nuevas tecnologías que luego capitalizará. Cuando lo que en realidad haría falta es un cambio total de paradigma.

Así, las quejas del activista de Animal Rebellion contra la decisión de los organizadores de la COP26 de servir carne, lácteos y huevos en una conferencia destinada a luchar contra el cambio climático adquieren un significado diferente, más completo. Pero el cuadro para comprender la influencia de la industria cárnica en nuestra sociedad moderna aún no está completo. Falta el último velo, el que más cuesta detectar y el más difícil de quitar.

ESTE FILETE NO EXISTE

Solo somos humanos en nuestro contacto y comunión con lo que no es.

DAVID ABRAM

Jugoso y delicioso

La cámara muestra un filete poco hecho que acoge un cuchillo a punto de desgarrarlo. La costra oscura y perfumada desvela un corazón rojo suave y brillante, que se derrite como si fuera sinuosa mantequilla. «Verás, yo ya sé que este filete no existe —revela Cifra, mirando a la cara a su interlocutor—. Sé que cuando me lo meta en la boca, Matrix sugerirá a mi cerebro que es jugoso y delicioso. Después de nueve años, ¿sabes de qué me he dado cuenta? De que la ignorancia es felicidad».[85] Con estas palabras se revela la traición narrativa de *Matrix,* una película de 1999. La obra, que se ha convertido en un clásico de culto, narra un futuro distópico dominado por las máquinas, en el que los seres humanos son criados con el único fin de convertirse en alimento para las propias máquinas. Para limitar cualquier atisbo de rebelión —seguimos siendo la especie que dio origen a Espartaco—, se da a los humanos la ilusión de vivir en una realidad similar a la que experimentan los espectadores de la película. Los estímulos neuronales que dan a Cifra la sensación del sabor de su cena encierran a la humanidad en una realidad ficticia, desde la que Neo, el elegido, intentará redimirse. Pero todo salvador necesita su Judas. Y no es casualidad que las hermanas Wachowski decidieran revelar la traidora naturaleza del personaje a través no de un beso, sino de su necesidad de volver al menos a la ilusión del placer. Placer representado por un filete poco hecho.

¿Pastilla roja o pastilla azul?

Ya estamos en las distopías que alguien imaginaba ayer. Si la visita a la fábrica de embutidos hubiera comenzado desde el punto de vista de los animales, desde los estrechos pasillos en los que son empujados entre descargas eléctricas, gritos y golpes con palos, habríamos concluido sintiendo palpitaciones más parecidas al horror que a la alienación.

Los elementos que habíamos registrado como meramente perturbadores, en la sección del sacrificio propiamente dicha, viran en intensidad, poniéndole un filtro guantanamesco a la realidad. De la total asepsia, en el centro del matadero se pasa a conglomerados de sangre, materia gris y vísceras que se acumulan en el suelo. Junto con el agua de las motobombas y la grasa que cae entre un corte y el siguiente, crea una pátina resbaladiza sobre la que las botas de goma se mueven con dificultad. El frío que nos golpeó en la entrada parecía una brisa agradable comparado con las gélidas temperaturas de las salas donde se sacrifican y descuartizan los animales. Sirve para contrarrestar el calor y la humedad de las nubes de vapor que se desprenden al primer tajo. A los ruidos metálicos de las otras salas se añade el sordo rugido de los enormes ventiladores diseñados para aspirar los olores sulfurosos y nauseabundos que se expanden hacia arriba al desparramarse las vísceras y su contenido en la primera disección. El continuo murmullo de los ventiladores succiona los pensamientos, distrayéndolos de los bramidos y gritos desgarradores de las bestias, que no avanzan encantadas hacia la muerte, a pesar del intento de disimularla en la medida de lo posible. A los cerdos primero se les aturde con descargas eléctricas o gas, para que puedan recibir más dócilmente la cuchilla que les cortará la yugular. Un proceso muy similar se aplica a los pollos. Ambos se enfrentarán a la muerte en un ambiente que se les oculta para que no presencien la muerte de su compañero delante de ellos. Protegerlos de la conciencia del final inminente puede parecer un acto insólito de compasión, pero en realidad no es más que otro intento de eficiencia. Cuando ve más claramente el destino al que se enfrenta, no hay animal que no intente rebelarse, aumentando así el riesgo de fracturas, dislocaciones y liberación de la hormona del estrés, todo lo cual afectaría a la calidad de la carne y, por tanto, a su valor de mercado. A los salmones y a otros peces de piscifactoría no les va mucho mejor. Cuando tienen suerte, se les destripa en el acto, unos instantes y ya está, de lo contrario se les mantiene fuera del agua para que se asfixien, en el frío, para que sus miembros se conserven más tiempo. Una agonía que puede durar hasta nueve minutos. Nueve minutos, el tiempo de cocción escrito en la caja de pasta italiana que estoy a punto de echar al agua hirviendo, minutos que ahora me dan la impresión de durar hasta el infinito.

Ahora hay terabytes de información que confirman que la cantidad de carne, huevos y leche producidos tienen una relación directa con los desastres climáticos actuales, y que, a menos que haya un cambio repentino de ruta, tanto en los sistemas de producción como de consumo, será demasiado tarde. Del mismo modo que, a pesar de los intentos de la industria por mantener ocultas las prácticas que tienen lugar en sus instalaciones, hay multitud de vídeos, documentales e investigaciones sobre cuáles son las condiciones reales que nos proporcionan proteínas baratas, y cualquier persona con conexión a Internet puede acceder a ellos con unos pocos clics.

Sin embargo, hay un punto ciego, un lugar al que preferimos que no lleguen demasiados haces de luz. Una sordera que va más allá de las cuestiones medioambientales o de las condiciones laborales en las fábricas de proteínas animales.

El poder invisible

En Occidente, la muerte se elimina de la conciencia en todos sus componentes, a pesar de que la violencia del sistema capitalista se alimenta de la muerte para sobrevivir. La muerte de los animales en las granjas o en los mataderos, la extinción de las comunidades indias que son desarraigadas para dejar paso a los campos para criar o cultivar soja, los cientos de ecologistas asesinados cada año en el sur global, las personas que viven junto a las granjas de cerdos en Carolina del Norte, la muerte causada por la insalubridad de los descartes vendidos como carne de primera, y las muertes relacionadas con el consumo excesivo de carne junto con todas las relacionadas con las crisis climáticas. El sistema agroalimentario moderno es una política basada en la muerte de unos para mantener la vida de otros. Pero no se trata de un error del sistema. Son necesarios ciertos juegos de sombras, de ocultación, tanto físicos como conceptuales, para sostener el juego económico neoliberal.

El mundo de la industria cárnica es un sistema mortal en todos los sentidos, pero que sobrevive precisamente por su capacidad de ocultar la muerte en todas sus etapas. Interpretar hoy el mundo de la carne de este modo equivale a desvelar mecanismos de poder más finos que los de otros alimentos, y también más profundos, porque el nivel de implicación de cada individuo es mayor. Y es totalmente comprensible querer ponerse a la defensiva ante la insostenibilidad del sistema actual y la mercantilización de la vida, sea animal o no, porque todos, consciente o inconscientemente, participamos de ello. Intentaré explicarme mejor.

Necesitamos un sistema que nos proporcione carne barata, pero que al mismo tiempo permanezca moralmente estéril.[86] La matanza de animales sigue siendo un acto ambiguo desde el punto de vista moral, y siempre hemos intentado purificarla mediante rituales, tabúes y ceremonias que sirven precisamente para justificar y dar mayor sentido al acto que transformaba al que hasta el día anterior había sido fuente de cuidados en el verdugo que iba a quitar la vida.[87] La codificación del asesinato del animal en un ritual era también una forma de distribuir la acción del individuo sobre toda la comunidad: a través de cánticos, gestos codificados y repetidos a lo largo de generaciones, se aseguraba un mayor control sobre un momento de transición cargado de significado. Y no estamos hablando de antiguos ritos celtas, de Morganas o de espiritualidades más lejanas. Basta con retroceder dos o tres generaciones, antes del comienzo del desarrollo urbanístico y de la era moderna tal y como la conocemos hoy.

En una escena de la película de Ermanno Olmi *L'albero degli zoccoli (El árbol de los zuecos),* ambientada en la campiña bergamasca en 1898, se muestra durante siete minutos la matanza de un cerdo. La «pobre bestia» —como la define una campesina que participa en el ritual— intenta rebelarse, liberarse de las manos de los hombres que se abalanzan sobre ella, pero acaba siendo degollada de todos modos. Los chillidos son desgarradores y la escena se hace interminable. Una vez muerto, el cerdo es izado por las patas hasta lo alto de una escalera, el color rosa de su cuerpo lo asemeja a un cristo en la cruz. Brilla con un color vivo, rodeado de hombres y mujeres vestidos de pana, tan marrones y grises que apenas destacan en el marco del paisaje lúgubre y embarrado. En un momento dado, aparece un sacerdote y la crucifixión es definitiva. Elogiando la majestuosidad de la bestia, un campesino responde con orgullo que fue él quien la había criado, y que la había alimentado «como a un cristiano».

Esta proximidad se pierde con el sistema intensivo moderno, o al menos se mantiene para ciertas categorías de trabajadores, como los descritos por Blanchette, que funden sus cuerpos con los de cerdas o lechones nacidos demasiado débiles, visto el límite al que se lleva a esas crías a las que dan masajes cardíacos y respiración boca a boca, pero se trata de relaciones a puerta cerrada, reconocidas como tales solo por sus compañeros de trabajo, y que excluyen a la dirección y al mundo exterior.

Sin bromas

«Lo que llamamos proceso de civilización es este movimiento de segregación, esta ocultación entre bastidores de lo que se ha vuelto desagradable».[88] Esta frase de Zygmunt Bauman se ajusta al imperativo de esconder los lugares donde la moral se contamina más que en otros sitios. Los mataderos, como las prisiones, los manicomios, las salas de interrogatorio o los campos de refugiados, son lugares de confinamiento, invisibles e inaccesibles. Como barcos fantasma, dejados a la deriva por la presencia de la peste y temidos por su potencial contagio, son deliberadamente separados del resto de la sociedad. Abierto frente a cerrado, oculto frente a expuesto, visible frente a invisible, nuestros pilares existenciales son estas dicotomías continuas.

Esto incluye no solo a los animales de su interior, sino también a quienes trabajan allí. Existe una doble voluntad de mantener los mataderos y las CAFO separados y segregados. Por un lado, el consumidor no quiere saber las implicaciones que hay detrás del placer de su carne —como Cifra, prefiere el olvido—, delegando este trabajo en la parte de la sociedad con menos libertad de elección. Por otro lado, existe un deseo activo por parte de la industria de mantenerlos lo más en la sombra posible, creyendo que una toma de conciencia —a través, por ejemplo, de la visión de lo que ocurre en su interior, si los mataderos estuvieran en el centro de las ciudades o tuvieran paredes de cristal en lugar de cortinas espinadas— llevaría a exigir cambios radicales que tuvieran en cuenta el bienestar animal y humano, a expensas del beneficio.

Pero la ocultación requiere dedicación. No basta con establecerse lejos de las zonas urbanizadas, utilizar camiones anónimos para el transporte de animales o disponer de un buen departamento de *marketing* y diseñadores gráficos que produzcan imágenes de cartón de animales sonrientes. Cada vez hay más leyes mordaza, conocidas como *gag law,* según las cuales filmar y difundir las condiciones en que viven y mueren los animales en las granjas industriales y en los mataderos intensivos se castiga no solo con multas, sino con largas penas de cárcel. Incluso se corre el riesgo de ser procesado por actos de ecoterrorismo. Según la Ley de Terrorismo Ecológico, invadir la propiedad privada de una explotación ganadera constituye un acto delictivo mucho más grave que entrar en el domicilio privado de un ciudadano corriente. El terrorismo entra en juego precisamente porque la industria cárnica ha sabido ponerse el manto de paladín que alimenta a la nación. Atacarla sería cometer un acto contra el propio país. Incluso, según otra ley de 2006, la *Animal Enterprise Terrorism Act,* adoptar cualquier conducta que pueda suponer un perjuicio económico para una empresa de manipulación animal es punible penalmente: entonar consignas de protesta ante sus puertas, filmar o fotografiar las instalaciones, aunque sea desde lejos, o denunciar lo que ocurre en su interior puede llevar a la cárcel. En un contexto posterior al 11-S, el lenguaje del *lobby* ha convertido a Los Verdes en el nuevo peligro para la democracia, mediante una reescritura semántica digna del orwelliano Ministerio de la Verdad. A pesar de que es mucho más probable morir por haberse pasado comiendo *nuggets* de pollo frito que por un misil de Al-Shabaab, las cuestiones semánticas no acaban ahí.

Las palabras siempre tienen un efecto sobre la realidad, como aprendió Oprah Winfrey pagándolo caro. Para meterse en problemas, no hacen falta actos de sabotaje sensacionales. Durante uno de sus populares programas en 1996, cuando aparecieron artículos sobre los primeros casos de la enfermedad de las vacas locas, declaró que nunca volvería a comer un bocado de carne. Esta declaración bastó para movilizar a un grupo de ganaderos tejanos que la denunciaron acusándola de dañar su reputación. ¿Cómo se atrevía a hacerles quedar mal a ellos, que tanto trabajan para los voraces estómagos de la nación más poderosa del mundo? Su frase se considera «difamatoria» y se le piden más de diez millones de dólares por daños y perjuicios. Tras más de un año, y mucho dinero gastado en abogados y costas procesales, el jurado falla a su favor. Pero no fue una cosa ligera. Si hasta Oprah, una de las mujeres más poderosas del mundo del espectáculo estadounidense, puede acabar en el ojo del huracán por una frase así, no digamos ya un común mortal. El mensaje llegó alto y claro. Mejor no bromear con la carne.

Igual ocurre con las vacas que riegan el mundo de leche, retratadas como animales felices que pastan en verdes valles, cuando la realidad es que viven en cautividad en unos pocos metros cuadrados, con bombas succionadoras enganchadas a las ubres para chuparles la linfa vital, cosa que recuerda de forma muy inquietante las escenas de Matrix en las que millones de seres humanos son descarnados por medio de unos tubos metálicos en estrechos habitáculos que ya de por sí parecen tumbas. Si viéramos el origen de nuestras comidas, tal vez se apoderaría de nosotros lo que Hannah Arendt define como la «piedad instintiva» que todo individuo normal siente ante el sufrimiento físico de los demás.[89] O tal vez no.

La existencia de lo repugnante queda permitida al estar oculta y separada del resto de la sociedad. Debe estar escondida y segregada, no solo por las condiciones laborales de ciertas ocupaciones que son necesarias pero indeseables, sino porque son los propios trabajadores los que son percibidos como personas de dudosa moral. La muerte contamina a quienes viven en su proximidad. ¿Qué persona en su sano juicio iría a trabajar a un infierno así? Deducción: una persona con inclinaciones sádicas o un loco. Este es el peligroso razonamiento unidimensional que reduce todo a las posibilidades y preferencias del individuo y nunca a la dinámica de las oportunidades sociales y económicas. En este caso, el desaire de clase es doble: por un lado, se delega que sea otra persona con menos posibilidades quien realice un trabajo especialmente duro y, por otro, se le acusa desde el punto de vista moral por participar en él.

Este es el subtexto de esos titulares que se indignan por el trato inhumano de los animales, pero lo atribuyen al sadismo y la crueldad de los trabajadores. Estos, a su vez, son descritos con adjetivos deshumanizadores, para asemejarlos más a los animales que controlan que a quienes leerán el artículo. Temple Grandin, una de las principales mentes detrás de la creación de mataderos modernos que combinan la eficiencia con un menor sufrimiento para los animales, ha trabajado durante su larga trayectoria en varios sistemas para evaluar el trato que reciben los animales en los momentos previos a la muerte. En uno de ellos se observa cuántos animales tropiezan en las rampas, cuántas veces hay que dispararles antes de neutralizarlos, con qué frecuencia se utilizan punzones eléctricos, etcétera. De sus primeras inspecciones y estudios, que se confirmaron en los años siguientes, se desprende que el 10% de los malos tratos puede atribuirse al sadismo potencial de los trabajadores, pero el 90% se debe únicamente a las obligaciones de la cadena de trabajo.[90]

«Harder, better, faster», cantan las voces sintéticas de los Daft Punk. Desde hace algún tiempo, en las principales plataformas de *streaming* ha aparecido un icono en forma de velocímetro, gracias al cual es posible cambiar la velocidad a la que se pueden consumir las series y los pódcast, y almacenar el doble de información en la mitad de tiempo. Los actores se mueven disparados por la pantalla como en un videojuego, las voces se agudizan y se vuelven metálicas, los diálogos se desarrollan con la cadencia de una ametralladora. De 1979 a 2000, los trabajadores de las plantas de procesamiento de carne se encontraron, minuto a minuto, teniendo que correr

por una cadena de montaje acelerada, como si ellos también estuvieran atrapados en una película en la que se opera a máxima velocidad.[91] «Le sorprendió bastante la velocidad con la que estos hombres hacían su trabajo. [...] A sus ojos parecían máquinas perfectas en movimiento. El ritmo que se les imponía a los equipos de trabajadores, de hecho, literalmente ordeñaba toda su energía, succionaba todas las facultades de un hombre».[92] La misma velocidad hipnotizante de la señora que rellena las salchichas la relataba Upton Sinclair en 1904 a propósito de los mataderos de Chicago, y la velocidad también da título a la obra del citado Pachirat, *Every Twelve Seconds,* la cadencia de sacrificio de un bovino tras otro. Obligados a mantener ritmos muy elevados, incluso los trabajadores más empáticos se doblegarán llegado un punto a un uso más extensivo de los punzones eléctricos, no por frustración o sadismo, sino por una dura necesidad de respetar los tiempos, en un torbellino de violencia que, como la tormenta infernal de Dante que se abate sobre los pobres lujuriosos en el Canto v, aquí se abate tanto sobre las bestias como sobre los operarios.

Los únicos límites que aún frenan la cadena están ligados a un mínimo de control sobre la limpieza, para garantizar la ilusión de preocupación por la salud pública. Porque es precisamente una de las categorías cuyos derechos están más en entredicho a la que se le exige el esfuerzo de hacer que un trabajo intrínsecamente sucio sea lo más limpio posible. Les toca a ellos, los últimos de la fila, el honor, la alta tarea, de preservar la salud de las masas devoradoras sin rostro como los animales que encuentran. Y si nos preguntamos cómo ha podido producirse esta erosión de los derechos de los trabajadores ante la vista de todos, tenemos que dirigir la mirada a los controladores. A esos mecanismos de presión, fruto de la acumulación de capital en procesos de conglomeración, que se traducen en capacidad de persuasión ante los legisladores.

Con el tiempo, las industrias han logrado absorber y hacerse cargo ellas mismas de la tarea de controlar que sus acciones sigan las normas. La primera administración Trump decidió incluso reducir a la mitad el número de inspecciones de los agentes federales, sustituyéndolos por empleados de la propia empresa.[93] Como una especie de Jano con dos caras, los jefes de departamento salen de los despachos para descender a las entrañas de las fábricas, inspeccionar los mostradores metálicos, revisar las paredes en busca de manchas, reprender a un trabajador por la presencia de materia orgánica donde no debería haberla, manipular sus tablets y abandonar esas cámaras frigoríficas lo antes posible. Saben que si realmente hicieran bien su trabajo, no durarían mucho. La cadena de montaje no debe detenerse bajo ningún concepto, mejor hacer la vista gorda que meterse en problemas. De todos modos, la jugada se repetirá al cabo de diez días, con los mismos resultados. Mejor volver a sus escritorios.

Vacas a la fuga

La organización interna de los mataderos responde a la misma lógica divisoria, donde los espacios separados, los despachos, las cámaras frigoríficas y los bancos de trabajo rompen y distancian lo más posible el concepto de muerte. De nuevo en el libro *Every Twelve Seconds,* cuando el autor, de incógnito, pregunta entre sus colegas del departamento cómo conseguir el puesto de encargado de la pistola de aire comprimido, todas las personas, desde los latinos que ocupan los puestos más humildes hasta los directivos, tratan de disuadirlo describiéndole las implicaciones psicológicas que tal operación produce inevitablemente. Cuando se piden más aclaraciones, un colega conocido por emplear generosamente la mano dura contra los animales le sorprende al decirle: «Porque, amigo, esto es matar, esta mierda te jode de verdad». El autor descubre así que todos y cada uno de los ciento veinte empleados restantes de la planta de sacrificio, donde los animales son llevados a morir, uno tras otro, delegan la acción de la muerte a un único empleado que aprieta el gatillo, aunque acumulativamente cada uno de ellos contribuya a la muerte de las miles de reses que pasan por allí día tras día.

El autor explica esta disonancia cognitiva mediante una noticia a partir de la cual inicia su aventura. Una mañana como otra cualquiera, unas vacas recién llegadas de un rancho cercano deciden tomar las riendas de su destino durante unos intensos minutos. Heroicamente, se liberan del resto del rebaño, encuentran una vía de escape entre los camiones y el túnel del matadero, y salen a la carrera por los campos vecinos, burlando por un momento la muerte que las espera. La evasión dura poco, pero no así la huella que deja en los trabajadores que han salido a contemplar el espectáculo. La policía, alertada del peligro que pueden suponer unos animales sueltos de ese tamaño, tras un par de intentos infructuosos de persecución, consigue arrinconarlos en un callejón sin salida. Allí, haciendo gala de cierta falta de inventiva, los policías deciden poner fin al asunto descargando una lluvia de balas. Sin embargo, una vez que la prensa local se hace eco del suceso, los trabajadores de los mataderos de la zona acogen este desenlace con ira y consternación, calificándolo de acto de crueldad innecesaria. El deseo de libertad, de dejar atrás la vida en el matadero, junto con la aversión a los abusos de poder por parte de las autoridades estadounidenses, son temas que resuenan fácilmente en el grupo local de mexicanos desamparados y pobres cristianos que están a punto de empezar el día. La indignación procede de las mismas personas que en un solo día habrían ayudado a sacrificar y descuartizar hasta 2400 reses, no muy distintas de las que habían intentado rebelarse contra el destino. Sin embargo, consiguen empatizar con ese puñado de animales sublevados. En su huida, esas vacas se convierten en individuos y no en números, al expresar su clara voluntad de rebelarse contra un destino que quiere que devengan filetes, hígados, cerdas de pelo, engranajes de un sistema económico del que no se benefician, pero por el que son explotadas, igual que los trabajadores. La línea que separa a los humanos de los animales dentro de los mataderos es siempre difusa.

Esta línea, sin embargo, se convierte en un muro infranqueable en el mundo exterior, gracias a la trinidad laica de la ciencia, la tecnología y el mercado.[94] Allá donde se nos obliga a situarnos lo más lejos posible de aquellos a quienes comemos, eliminando todo sentimiento de empatía, compasión y piedad, precisamente en nombre de esas características que siempre se han considerado, con razón o sin ella, definitorias de lo que es un ser humano. Los sistemas de opresión necesitan la invisibilidad de sus resultados, al menos para algunos. Los oprimidos, los que viven cerca de una granja de cerdos y ya no pueden salir a gusto al porche, los pequeños agricultores cerca de los campos de soja y sus miasmas químicos, los avicultores que ven todas sus inversiones perdidas en cuestión de meses, bueno, a ellos no se les concede el privilegio de la inescrutabilidad.

«Una vez que la existencia de la carne se separa de la idea de la existencia de un animal al que se mata para convertirlo en carne, la carne se disocia de su referente original (el animal) y se convierte en una imagen fluctuante, a menudo utilizada para reflexionar sobre el estatus de las mujeres y los animales». Así define Carol J. Adams el concepto que subyace en su libro *Meat for Slaughter:* el referente ausente, la idea de que detrás de cada comida en la que hay proteína animal exista una ausencia, lo que permite separar la carne de lo que fue en vida.[95] He aquí otro nivel de invisibilidad que permite que tal sistema de producción y consumo carnívoros siga siendo aceptable; de hecho, se da por sentado. A pesar de todo, no somos una especie de asesinos en serie sádicos sin capacidad de empatía, pero para garantizar un consumo elevado continuado es necesario asegurarse de que nuestra empatía siga siendo lo más atrófica posible. Una combinación de fuerzas nos impulsa a arrancarle la cara al animal que nos vamos a comer, la «cara» que Emmanuel Lévinas sitúa en el origen de la ética, ese lugar del Otro que reconocemos como vulnerable, pero concreto, en el que podemos reflejarnos.

> La madre superiora acaba de echarles el gancho a todos los demás proveedores del mercado francés de la carne. Ella no deja la carne en los ganchos demasiado tiempo, aunque consiga el precio que le parece justo; aquí nada se pone rancio. Puedes sazonar la carne a tu gusto y no tienes por qué cortar dos tiras del mismo asado; y si te apetece, puedes matar tu cordero o carnero porque el rebaño de la superiora está en excelentes condiciones y siempre listo para encontrar un repuesto. Cuando algún ejemplar se fríe, se convierte en pasto y se envía al matadero, o se dispone de él por acuerdo privado, pero nunca se vuelve a ofrecer a los clientes; por consiguiente, aquí no se conocen generalmente la putrefacción, el contagio y otras enfermedades propias del ganado.

Este texto rescatado por Carol Adams parece el anuncio de una carnicería de barrio, pero en realidad es un extracto de una guía de burdeles del siglo XIX. Al releerlo, conociendo su verdadera finalidad, las imágenes elegidas por el autor no son tan difíciles de traducir. Según Adams, las mujeres y los animales no humanos siguen sufriendo un proceso similar de cosificación, fragmentación y consumo.[96] La cosificación hace que tanto los animales como las mujeres sean considerados, a través del lenguaje y de las prácticas, sujetos de un nivel subordinado y, por tanto, objeto de desmembramiento y consumo, lo que anula la posibilidad de que al otro lado exista una voluntad propia, una identidad independiente del padre, del marido, del criador, del carnicero.

Y al hacerlo, el sistema nos enseña a no percibir la anomalía y lentamente, día tras día, comida tras comida, nos anestesia el sentido del escándalo. Aprendemos a no sentir malestar ante cierta carne, asco ante otra, como no nos damos cuenta del creciente número de personas que viven en la calle, de los niños que piden limosna, de las imágenes de los campos de refugiados en las fronteras turcas, de las alambradas y de la alternancia de las sábanas blancas de los invernaderos con las negras de los poblados de chabolas en el centro de Andalucía, en Apulia, o en cualquier otra parte del Mediterráneo.

Si la violencia y la explotación se naturalizan y se normalizan, salen de nuestro campo de atención. En *El orden del discurso,* Michel Foucault analiza la importancia del lenguaje, del discurso, como la práctica a través de la cual se forma su objeto. Los animales de granja son piezas, unidades cuyo ADN está codificado, y son en sí mismos objeto del intercambio, la venta, la patente. Pero las prácticas también deben definirse en consecuencia. La persona que mata a los pollos que sobreviven al matadero automático ya no se llama *backup killer,* asesino de reserva, sino *knife operator,* con una traducción parecida a «obrero del cuchillo». A los miembros de la National Cattlemen's Beef Association se les aconseja que sustituyan el término «matar» con los términos «segar» o «procesar», como cuenta la escritora Melanie Joy.[97]

«Los límites de mi lenguaje son los límites de mi mundo», decía Ludwig Wittgenstein,[98] pero también lo son de las imágenes. Todo el mundo está familiarizado con las representaciones en blanco y negro de la silueta del cuerpo del cerdo o del bovino, donde los diversos cortes quedan delimitados por gruesas líneas de puntos negros que recuerdan a los recortables que los niños tenían que trocear con las tijeras de punta redonda, y que son en este caso indicaciones de carnicero. Toda la complejidad emocional, biológica y social del animal se reduce a geografías comestibles. Hoy, los mostradores de las carnicerías son una explosión de ramitas de romero, hojas de salvia y otras hierbas, que con su verdor y su aroma destierran la idea y el olor férreo de la sangre. La ocultación del animal continúa incluso en la mesa, de modo que desaparece el quinto cuarto, órganos demasiado afines a nuestra propia visceralidad: nervios, venas y cartílagos.

Cave canem!

Cuando Europa se vio sacudida por el escándalo de la carne de caballo, que se suponía que era de vacuno, al menos según la lista de ingredientes, el miedo a la contaminación se leyó no tanto desde el punto de vista sanitario, sino desde la ruptura de las jerarquías animales entre lo que es comestible y lo que no lo es. Se cuestionaba la normalización de una carne con respecto a la otra.[99] En Occidente, que el lugar del perro está junto a su familia humana y no en una bandeja lista para ser servida forma parte de un sentir generalizado. Cuando este orden se subvierte, la confusión es tal que genera no solo repugnancia, sino incluso ferocidad, como la que se expresa hacia pueblos que tienen una jerarquía alimentaria distinta.

En un reciente viaje al norte de Vietnam, al amanecer, antes de empezar el trabajo para el que había ido, decidí explorar un pequeño mercado local. Deambulaba sin rumbo entre los puestos, sonreía a los vendedores y esquivaba ciclomotores que luchaban por abrirse paso entre otros clientes imperturbables, cuando lo vi. En un momento me di cuenta de que las aceras que conducían a los puestos ya estaban llenas de gente. Un instante antes había notado que los puestos ya estaban abarrotados de mujeres de mediana edad, sentadas con las piernas cruzadas, que mostraban a los transeúntes puñados de mercancía extendidos en pequeñas estolas junto a balanzas oxidadas y pesas que recordaban a piezas del *Monopoly.* Los mangos, los racimos dorados de *longan,* los brillantes brotes de bambú parecían tener vida propia y atraer por sí mismos a los clientes. Por todas partes, un parloteo continuo, que se alternaba con la emisión de algún programa de radio que provenía de los edificios cercanos. Sin tener un destino concreto, me divertía observar las distintas variedades de arroz que se ofrecían: granos de color marfil pero rechonchos convivían con otros ovalados translúcidos perfumados de jazmín, otros que olían como a galletas, semillas oscuras, opacas y densas. ¡Cuánta sabiduría campesina y saber hacer tradicional había en toda esa diversidad, tan alejada de la monotonía de los arrozales plantados siempre con el mismo tipo híbrido que exigen los grandes distribuidores! Sin embargo, cuanto más me adentraba en el corazón del mercado, más se oscurecía el ambiente debido a los pesados toldos, bajo los cuales se oían las voces como un zumbido constante. En la parte interior, en el corazón más escondido del mercado, estaba la carne. Grupos de gansos y pollos se mantenían, aún vivos, en pequeñas jaulas o cajas de cartón con los logotipos de los detergentes que habían contenido tiempo atrás. No había separación con la zona dedicada al matadero, pero se notaba que se había cruzado una línea invisible por los machetes que ahora estaban claramente a la vista, incrustados en las grietas de los gruesos mostradores de madera desconchada. Unos cuantos tanques con peces bigotudos tan grandes como mi antebrazo precedían a las zonas de cocción, simples parrillas con carbones encendidos, donde cualquiera que lo deseara podía ver cómo su comida se presentaba en unos pocos pasos. Y fue allí donde lo vi. Quieto, sin ninguna ceremonia, se alzaba el cuerpo asado de lo que hasta unas horas antes había sido, sin duda, un perro. Descansando sobre el lomo, las cuatro patas levantadas hacia el cielo, la mirada clavada en un punto lejano. «A través de la máscara, penetran los ojos, el lenguaje indisimulable de los ojos. El ojo no brilla: habla».[100] Lévinas intenta de nuevo acudir en mi ayuda.

A pesar de que ya estoy inmersa en estas páginas sobre la carne, a pesar de que tengo bien inculcada la noción de que el «rechazo occidental» es en realidad una máscara de la propia xenofobia, permanezco inmóvil como si me enfrentara a una presa desconocida, a una bestia imaginaria que no consigo ver clara pero cuyo peligro intuyo. La visión de este perro, idéntico a una multitud de cerditos sardos que se han quedado en el fondo de mi conciencia incontables veces, durante muchas cenas celebradas en el interior de la isla, sacude cimientos profundos, sacude la gramática básica en la que se basa mi capacidad de leer el mundo, me descentra. De poco me sirvió ser consciente de que la crueldad de nuestras ganaderías intensivas es interpretada como un mal menor y necesario para garantizarnos el estilo de vida moderno que deseamos, mientras que esta costumbre extranjera es para nosotros un síntoma de amoralidad y crueldad. Ese perro estaba allí para recordarme el poder de los mensajes que introyectamos cada día desde el momento en que nacemos, las dicotomías que nos enjaulan y nos engañan con sus promesas de simplicidad.

Los niveles de invisibilidad de la carne son, pues, múltiples: desde los espaciales, ligados al confinamiento de los mataderos lejos de los lugares habitados y de los centros palpitantes de la modernidad urbana, hasta la invisibilidad política y la invisibilidad del lenguaje que oculta las actividades de la industria pero también acuna nuestra ignorancia voluntaria. Y otro nivel de invisibilidad es la invisibilidad moral, que descargamos sobre los trabajadores más cercanos y en la base de la cadena de producción. Por último, la invisibilidad total del animal vivo, cuya profundidad existencial se disipa entre un mensaje de brasas y machismo y un dibujo animado que empuje a los consumidores más pequeños a desear bastoncitos de pescado fritos. Una elipsis continua entre la carne y la bestia, entre nosotros y los demás habitantes del reino.

Pastilla azul y olvido, gracias.

Límites borrosos

«No podía entender qué te retenía. Entonces, un día, me di cuenta de cuál era mi error. La conciencia no es un viaje hacia lo alto, sino hacia adentro. No es una pirámide, sino un laberinto». Así le define Arnold, uno de los ideadores del parque de atracciones Westworld, el concepto de conciencia a Dolores, la primera androide creada.

Westworld, de la serie de televisión del mismo nombre, es un parque de atracciones de temática wéstern habitado por robots programados para hacer inolvidable la experiencia de los huéspedes humanos. Quienes se aventuren en este mundo artificial serán libres de expresar cualquier impulso, deseo, pulsión oculta. Podrán explorar las extensiones del Gran Cañón a caballo, divertirse y emborracharse en un típico burdel, cazar criminales para cobrar la recompensa, en fin, podrán realizar todas las actividades que cabría esperar si uno jugara a una versión adulta de indios y vaqueros. Pero eso no es todo. El subtítulo del parque —«Donde todo es posible»— garantiza que la experiencia puede traspasar los límites de la corrección, la decencia y el decoro. De hecho, los huéspedes de pago pueden incluso decidir divertirse matando, descarnando, participando en masacres e incluso violando a cualquier habitante androide que se cruce en su camino. Esto lo acepta cualquiera, es un parque dedicado también a familias con niños, precisamente en virtud de que, aunque parecen idénticos a los seres humanos biológicos en comportamiento, al expresar terror, amor, felicidad, miedo y cualquier otra gama de nuestros sentimientos, los androides no son reconocidos como seres con verdadera conciencia de sí mismos. Por eso se les da el mismo peso que a cualquier objeto inanimado. ¿Es realmente dolor lo que siente un robot? ¿Es realmente miedo si, tras ser reprogramado, le desaparece de la memoria?

Siguiendo la estela de otras obras, como la novela de Philip K. Dick en la que se basó *Blade Runner,* uno de los temas de la narración es la búsqueda de lo que diferencia al ser humano de todos los demás: ¿el lenguaje, el amor, la amistad, la religión, el pensamiento crítico o nada de todo eso?

Para el espectador, a quien la naturaleza artificial de los habitantes no se le revela inmediatamente, el excesivo sadismo contra estos es difícil de digerir. Nos vemos empujados a tomar partido por Dolores y las demás máquinas, especialmente cuando empiezan a rebelarse, sin que exista un paraíso perdido que puedan echar de menos. Cuanto más avanza la narración, más se desmantela cualquier barrera inicial de distinción entre humanos biológicos y no biológicos, hasta que llegamos a la pregunta definitiva de Arnold: ¿qué es realmente la conciencia? ¿Una pirámide que los humanos hemos conseguido escalar, ganándonos así nuestra actual posición en la cúspide sobre las demás especies, o un laberinto que aún no hemos comprendido en toda su dimensión y en el que no estamos solos?

En 2012, la *Cambridge Declaration of Consciousness* fotografió el consenso científico sobre el tema al declarar que «los humanos no son los únicos animales que tienen conciencia de sí mismos; de hecho, los animales no humanos, como todos los mamíferos y las aves, y muchas otras criaturas, incluidos los pulpos, poseen sustratos neurológicos lo suficientemente complejos como para sostener la experiencia de la conciencia». Al preguntarnos, pues, qué nos diferencia de los animales, podemos pensar en la presencia de escamas, rostros, párpados verticales, pero no en la autoconciencia. La investigación aún no tiene respuestas exhaustivas sobre en qué se diferencia esa conciencia de la nuestra, aunque la página web del Gobierno británico, a partir de noviembre de 2021, afirma que los cangrejos, pulpos y langostas se consideran ahora seres sintientes.[101] Una noción que nadie cuestionaría tras ver el *crescendo* de la amistad entre una hembra de pulpo y un cineasta en los océanos de Sudáfrica, en el documental *My Octopus Teacher,* nominado al Oscar en 2021.

El aspecto especista de la carne es tan implícito como obvio. Los animales no humanos están siempre un escalón por debajo en la cadena alimentaria, fruto de una tradición cartesiana que nos ve como los únicos *cogitans,* seres pensantes.

El problema ulterior de esta concepción antropocéntrica que considera todo lo que nos rodea como útil para nuestro uso y disfrute, más allá de la evidente destrucción que acarrea, radica en sentar un precedente para enmarcar a los humanos en un continuo entre el animal no humano y el *homo sapiens.* En 1565, en su camino hacia lo que a ojos europeos era un continente nuevo, el explorador Girolamo Benzoni describió como «una bebida más para cerdos que para humanos» un néctar muy apreciado por la población azteca, hasta el punto de que la semilla a partir de la que se producía se llamaba *Theobroma,* alimento de los dioses, hoy conocido mayoritariamente como chocolate. La comida, una vez más, fue utilizada como mensaje eficaz para reforzar la idea de la proximidad de la población azteca a seres de naturaleza más animal que humana. A menudo, el acto de deshumanizar al adversario precede al abuso de la fuerza política y, dentro de la concepción especista en la que nos encontramos, cuanto más acercamos una categoría humana a otra animal, mayor es la legitimación para excluirla de lo que se consideran prerrogativas de nuestra especie, como la participación política o la participación social, cultural y material. La esclavización de millones de individuos o el sometimiento al poder colonial en la historia reciente de nuestra civilización encuentran sus raíces en tales aproximaciones.

Algunos intelectuales, sin embargo, empiezan a ver en la alimentación un elemento útil para explicar de otro modo las diferencias entre los pueblos. La supuesta inferioridad de ciertos pueblos no se confirma observando su alimentación considerada infrahumana, sino que precisamente en virtud de esta se vuelven vulnerables al sometimiento. J. Leonard Corning, un conocido médico e investigador de la Inglaterra de finales del siglo XIX, justifica en *Brain Exhaustion* el dominio británico sobre el resto del mundo, no tanto por la superioridad racial de los británicos, sino por su dieta basada en la carne. «Así, las naciones carnívoras siempre han sido más agresivas que aquellos pueblos cuya dieta es en gran parte o exclusivamente vegetal. Los afeminados comedores de arroz de India y China han sucumbido una y otra vez al superior valor moral de un número infinitamente menor de ingleses carnívoros [...] Pero, con mucho, el ejemplo más maravilloso del vigor intelectual de los hombres carnívoros es el triunfo ininterrumpido de la raza anglosajona. Criados en una isla relativamente pequeña, estos hombres carnívoros han sido capaces de salir y extender su imperio por todo el mundo».[102] Comparado con sus contemporáneos, Corning no atribuye la falta de virilidad y la inferioridad de carácter a algo tan estático como la genética, sino a la dieta, dejando entrever la hipotética posibilidad de remontar en el futuro. Como en el libro de recetas de Marlboro que hace un guiño a quienes quieren sentirse el macho alfa de la manada, la carne vuelve a convertirse en símbolo de la fuerza y el dominio masculinos, y en este caso también del hombre imperial, que le hace capaz de someter no solo a la naturaleza, sino también a las personas que no disfrutan de sus poderosos jugos.

Y esto plantea otra capa de complejidad al observar la industria cárnica moderna.

El animal nos mira y nosotros estamos desnudos ante él, argumenta el filósofo Derrida.[103] Así pues, el mundo global de la carne, tal y como lo hemos organizado hoy, nos habla de nosotros, de nuestros apetitos, que se vuelven clasistas cuando segregamos ciertos trabajos fuera de la vista y de la moral; sexistas cuando la carne se convierte en un símbolo de machismo y poder patriarcal; y, finalmente, neocolonialistas cuando el mercado se basa en la destrucción de lugares mendazmente imaginados como desiertos, sacrificables en nombre del progreso moderno, cuando la tierra se ve como virgen, lista para ser conquistada con el fin de sacar de ella materia prima barata. Nos habla de lugares que emanan numerosos miasmas racistas, como Brasil, donde son precisamente las comunidades indígenas las aplastadas por los procesos de deforestación; o Estados Unidos, donde son principalmente las comunidades afroamericanas las que sufren las consecuencias de las explotaciones ganaderas intensivas y de los mataderos, con todos los daños al tejido medioambiental y social que hemos visto. Cuando las piezas de carne menos nobles y más grasas de un animal se canalizan hacia las antiguas colonias, dando a la población local opio en forma de grasa en lugar de oportunidades reales de expresarse, y a la industria una cuota extra de beneficio, se mezclan cuestiones tanto éticas como económicas que revelan desigualdades estructurales de poder.

En el libro *Cheap Meat: Flap Food Nations in the Pacific Islands,* los autores analizan la ruta comercial de un corte concreto de carne, la panza de ovejas y carneros criados en Australia y Nueva Zelanda, países ricos, hacia países decididamente más pobres, como Papúa Nueva Guinea. Estas piezas, compuestas en su mayor parte de grasa y huesos, que son consideradas desechos o comida para mascotas en el resto del mundo, se convierten aquí en codiciados bocados el día de paga a final de mes, cuando se crean colas ante los supermercados que las almacenan, intactas, en los congeladores.[104] Las numerosas entrevistas que recoge el libro ponen de manifiesto que los isleños del Pacífico son conscientes de que comen sobras, y que saben lo que implica para la salud combinar carnes compuestas casi en su totalidad de grasa. «Del almuerzo del mundo somos las sobras», canta la Corte de los Milagros en la adaptación musical de *Notre-Dame de París*. Y vemos nuevamente que los trabajadores en los que se basa todo el sistema industrial son en su mayoría migrantes, trabajadores indocumentados con los que el ICE (el Servicio de Control de Inmigración y Aduanas de Estados Unidos) sabe que acierta seguro, como cuando en agosto de 2019 más de 680 trabajadores fueron detenidos en una de las redadas más violentas de la historia reciente en varios mataderos de Misisipi.[105]

Sin embargo, cada vez son más las personas que deciden distanciarse de este símbolo de dominación y opresión: los viernes se han convertido en la jornada mundial de huelga juvenil por un futuro sostenible, *Fridays for Future,* y el primer día de la semana en el mundo anglosajón ya no es solo el lunes, sino el «lunes sin carne». En Bélgica, el municipio de Gante ha instituido los «jueves vegetarianos» como días de la semana en los que las comidas en las escuelas y oficinas públicas se basan en frutas y verduras. Al mismo tiempo, el listón para definir la crueldad es cada vez más bajo en la Unión Europea, donde, con los años, se han prohibido la práctica de matar pollos conscientes, las jaulas que se ajustan a las cerdas gestantes como guantes metálicos o los establos de hormigón en los que se aísla a los terneros para que su carne conserve la palidez y flacidez que confunden con ternura quienes quieren pasar por *gourmets.* El consumo de carne en el norte global se está ralentizando, y al mismo tiempo florecen diversas soluciones dispuestas a abrazar este cambio de rumbo y sensibilidad, a pesar de que el concepto de carne es difícil de trasladar a los márgenes del plato. A veces, es más fácil eliminar al animal que sus miembros.

DE LA PRADERA A LA PROBETA

Esto es lo que te mereces por ser comida.
MARGARET ATWOOD

Carne sintética

Es hora de respirar hondo, redirigir la mirada para enfocar un horizonte más amplio y preguntarnos qué propuestas hay para crear un sistema que no sea tan problemático para el medio ambiente y tan cruel con los animales, ya sean humanos o no humanos.

Y aquí el juego se pone interesante. Existen numerosas alternativas y soluciones que se pueden plantear para desbaratar o al menos contribuir en menor medida a un sistema tan destructivo, pero que al mismo tiempo ha dado acceso a un bien que hasta hace un siglo era un lujo y prerrogativa de las clases pudientes, mejorando así la alimentación de millones de personas.

La solución parece llegar por sustracción. O, mejor dicho, por intercambio. Eliminar los productos de origen animal de la dieta de cada uno, tomando un rumbo vegetariano o vegano, veg*, parecería lo más lógico. Y a pesar de que el mundo veg* es de todo menos sencillo o monolítico, como demuestra el éxito de chefs y recetas temáticas en cualquier red social, o el hecho de que Silicon Valley le haya echado el guante, habría mucho que explorar. Por tanto, tendré que posponer las implicaciones veg*, que distan mucho de ser obvias, hasta otra ocasión.

Quiero ahondar de nuevo en la carne. Siempre en una solución dada por sustracción, pero diferente. Diferente de la veg*, sin jaulas, sin animales de granja, sin crueldad, sin dolor. Donde todavía el poder adquisitivo representa la etiqueta mágica por la que compramos no solo el producto, sino también la ilusión de una palmadita en nuestra conciencia. Aquí, en cambio, la sustracción es paradójica, extrema, total, incluso utópica. Porque la propuesta invoca una carne sin animales. Una carne que nunca ha estado realmente viva y que, por tanto, nunca podría conocer el terror de la muerte, tal y como cabría esperar de los androides de *Westworld.* Carne creada en laboratorio.

Pocos años después de la promesa del presidente Hoover de garantizar a cada familia un pollo para cenar, en 1932, al otro lado del océano, en *Pensamientos y aventuras,* Winston Churchill, imaginando el futuro a cincuenta años vista, escribió: «Deberíamos evitar el absurdo de cultivar un pollo entero solo para comernos su pechuga o su ala, y cultivar estas partes por separado con un líquido adecuado».[106] La predicción aterrizó con algunas décadas de antelación, pero cuando el 5 de agosto de 2013 Mark Post, uno de los científicos más destacados en este campo, presentó en una sala abarrotada de periodistas y fotógrafos las primeras hamburguesas de carne creada en laboratorio, el futuro parecía más cerca que nunca bajo las luces intermitentes de los *flashes* de unos periodistas atónitos.

En diciembre de 2020, menos de diez años después, Singapur se convirtió en el primer lugar del mundo donde, por unos veinticinco dólares, puedes sentarte en el ambiente cálido y acogedor del restaurante 1880 y disfrutar de una buena pechuga de pollo, sabiendo que lo más probable es que el donante de las células esté al otro lado del océano Pacífico, correteando por un patio californiano.

In vitro, artificial, limpia, sintética, de laboratorio, civilizada. Las definiciones elegidas para presentarla influyen en cómo la recibirá el oyente. En los últimos años, miles de millones de dólares han fluido hacia la apuesta por una carne en la que residirían las soluciones a los problemas vistos hasta ahora, junto con increíbles oportunidades de beneficio.

Ecológicamente sostenible, ética, nutritiva y saludable, quizá incluso sabrosa. Estas son solo algunas de las promesas de la carne milagrosa. Pero antes de entrar en detalles, conviene ver en qué consiste a grandes rasgos esta revolucionaria tecnología. El primer paso consiste en tomar una muestra de tejido celular de un animal, una pequeña biopsia de la que luego se extraen células madre. Se trata de células cuya identidad aún no está definida, cuyas funciones aún no están especializadas y que, por tanto, pueden orientarse para convertirse en una célula muscular, una célula de la piel o incluso una neurona. Tras la extracción, se introducen en una mezcla de nutrientes, azúcares, aminoácidos, minerales y vitaminas junto con un suero para estimular el crecimiento. En la actualidad, el líquido más favorable para el desarrollo del tejido muscular es el suero extraído del feto de un ternero. La idea de tener que sacar un ternero bebé del vientre materno para hacer un caldo primigenio choca con la narrativa que ve la carne en el laboratorio como un producto libre de muerte. Por eso se buscan alternativas vegetales o basadas en determinadas algas o microbios modificados genéticamente, que de momento son muy prometedoras. Mientras tanto, en esta poción de suplementos, las células se han transformado en los tejidos deseados y en haces de finos filamentos musculares que crecen, se contraen, se flexionan coordinadamente, como hebras de pelo bajo las púas de un peine. Entre ellos, se mantienen unidos por una lámina translúcida, el tejido conjuntivo, que les permite expandirse entre andamios que simulan huesos. Aquí, los músculos pueden entrenarse como si estuvieran en un miembro vivo. Enormes biorreactores los contienen y almacenan hasta que alcanzan la forma y el tamaño deseados. Una vez lista la cantidad deseada, la carne puede convertirse en hamburguesa, salchicha o jugoso *pulled pork.* Entonces estará lista para alcanzar el objetivo para el que fue creada: el plato.

Ahora es posible comprender mejor las implicaciones una vez que esta tecnología sea accesible a la mayoría de los consumidores.

Si ya estuviera disponible, se calcula que solo necesitaríamos ciento cincuenta reses para producir la cantidad de carne que se consume hoy en día.[107] Un rancho pequeño bastaría entonces para alimentar el ansia mundial de carne de vacuno. Esto tendría implicaciones revolucionarias para el sistema alimentario y más allá. Al dejar de ser necesario criar miles de millones de animales para engorde, se frenaría considerablemente la loca carrera por la soja y el maíz que está provocando la destrucción de ecosistemas enteros. El 75% de la tierra que ahora se cultiva para piensos podría liberarse para otros cultivos más sostenibles o para productos que tendrían al ser humano como consumidor directo, lo que llevaría a un uso más eficiente de todos los recursos implicados en el acto de cultivar. También se frenaría el uso de pesticidas y fertilizantes que ahogan la biodiversidad. La Amazonia podría respirar aliviada, y nosotros con ella, al menos hasta la próxima idea de conquista. Sin bocas, sin sistemas digestivos que producen gases de efecto invernadero, sin aguas residuales llenas de amoníaco y otras sustancias tóxicas que contaminan el suelo y las comunidades sobre las que se asientan. Así, la producción de carne cultivada reduciría en gran medida la emisión de gases de efecto invernadero, centrándose únicamente en la producción de CO_2, de la que seguiría siendo dependiente. Sin embargo, sobre el menor uso de energía para la producción de carne de cultivo en comparación con la cría de animales, los resultados científicos siguen siendo contradictorios, y se necesita más tiempo e investigación para comprender qué fuentes y con qué intensidad de energía necesitará la carne del futuro.

También se reduciría el riesgo de dar lugar a superbacterias resistentes a los antibióticos, ya que su uso sería mínimo, al no ser ya necesarias las grandes cantidades de bestias viviendo unas encima de otras o dopando el crecimiento de sus cuerpos hipertrofiados, en ambientes insalubres, apretujadas entre respiraciones recicladas. Así, el peligro de consumir carne contaminada por virus, bacterias o por el material orgánico de los propios animales disminuiría, ya que la creación de pústulas, estómagos, intestinos y, sobre todo, su contenido puede omitirse en el laboratorio.

Cuerpos y capital

Sobre todo, los cuerpos de los animales dejarían de ser campos de batalla para la acumulación de capital, territorios de conquista. En el sistema actual, cada aspecto de sus vidas es manipulado o mutilado para ajustarse a un estándar predefinido por la industria. El destino del animal de granja es la cosificación total.[108] El capitalismo exige que los cuerpos se conviertan en máquinas. A lo largo de las décadas, se han seleccionado aquellas tipologías que ostentaban los mayores rendimientos en términos de leche, músculo, grasa, que crearía el efecto mármol tan amado por los paladares que quieren distinguirse, o cáscaras más fuertes. Una letanía de extravagancias a veces interrumpida por la necesidad de quitar, restar, limar rasgos inconvenientes para la industria. Cuando vivían en el patio, las gallinas de plumaje blanco no gozaban de gran prestigio, tendían a promoverse otros colores más oscuros, ya que su palidez brillante las hacía más visibles para los depredadores potenciales. La industria, sin embargo, las ha fomentado, entre otras cosas porque una pequeña pluma blanca será más difícil de notar si se les escapa a las máquinas desplumadoras y permanece pegada a su dueña. *Bon appétit!*

En cambio, los cerdos, animales mucho más sensibles de lo que se les reconoce, sufren por los ruidos fuertes, los largos trayectos en camión desde la granja hasta la estación final de engorde, y luego hasta el matadero. Sufren por la falta de un lecho limpio y de un espacio propio, por el tedio. Así pues, cuando están sobreestimulados y asustados, los cerdos tienden a producir una hormona particular, el cortisol, que, cuando se desborda, hace que su carne se vuelva gris y flácida, inutilizable para la venta de alimentos. La industria ha trabajado, entonces, no para mejorarles las condiciones de vida o hacer los viajes menos traumáticos, sino para seleccionar tipos de cerdos menos frágiles y más atrevidos, como en la surrealista película *Okja,* del director Bong Joon-ho, donde una sedienta multinacional que triunfa en el intento de crear una nueva raza de supercerdos, enormes, dulces y respetuosos con el medio ambiente, tiene que lidiar con la resistencia de un grupo de activistas por los derechos de los animales y de la niña a la que se confió el cerdo Okja durante sus primeros meses de vida.

Pero jugar a ser creadores es un reto de suma cero. Por cada adición, hay una pérdida; por cada cambio, un precio que pagar. Pollos con músculos desbordados que asfixian los órganos, picos cortados, malformaciones esqueléticas, mastitis, cojeras, pavos que ya no pueden andar ni reproducirse, sistemas inmunitarios comprometidos. Los huesos huecos y ligeros que permiten volar a las aves se convierten en andamios demasiado frágiles para soportar el crecimiento hipertrófico y rápido de las aves de corral industriales. Después de solo seis semanas, un pollo ya no será capaz de caminar, y pasará el 90% de su tiempo inmóvil entre sus excrementos.[109] Lo mismo ocurrirá con sus compañeras ponedoras, cuyo calcio acabará en la producción de las cáscaras de los huevos que ponen a un ritmo hasta treinta veces superior al de sus antepasadas de hace solo un siglo. Las vacas lecheras han visto crecer desproporcionadamente sus ubres, además de que se las mantiene preñadas constantemente para producir más leche. De 1967 a 2007, Estados Unidos ha llegado a duplicar, o más, la producción de leche por animal, pero la masa corporal de estos no ha crecido en la misma medida. Hay resultados aún más grotescos. En la continua selección de cerdas para que produzcan cada vez más lechones, se ha alcanzado una media récord de unos 19,4 lechones por parto. Lástima que la naturaleza a veces no pueda seguir el ritmo de la industria y las madres sigan teniendo catorce o quince tetas para alimentarlos; los cerditos más pequeños, tímidos o débiles, que no pueden imponerse a sus hermanos, son eliminados a los pocos días.[110] En su prolificidad, las cerdas encuentran su condena a una vida de reclusión en jaulas de gestación, al revés que Sophia Loren cuando interpretaba a una vendedora de cigarrillos en la película *Ayer, hoy y mañana,* en la que se libraba de la cárcel gracias a su capacidad para quedarse embarazada año tras año.

En el brillante ensayo *Beasts of Burden: Animal and Disability Liberation*, la académica Sunaura Taylor[111] ofrece un cuidadoso análisis de los paralelismos entre la opresión animal y el marco capacitista del capitalismo moderno. Los animales de granja difícilmente podrían sobrevivir fuera de él; las discapacidades creadas por el nacimiento o por las condiciones en las que se les mantiene se convierten en parte integrante del sistema industrial. De hecho, es a partir de sus discapacidades como se obtienen beneficios. Salidos de un sueño gótico, estos animales son deformes, desgarbados, privados de sangre vital, pero aun así consiguen llegar al día siguiente, en una eterna referencia a Sísifo, y la piedra que deben transportar es el apetito infinito por su carne.

Pero, como ya había señalado Sinclair, los cuerpos de los animales no son los únicos que se ponen en juego. La lista de daños asociados a la exposición a efluvios tóxicos, bacterias resistentes, cuchillas, violencia y desarrollo de estrés postraumático se encapsula en las estadísticas que recoge Gail A. Eisnitz en el libro *Slaughterhouse:* la probabilidad de sufrir un accidente laboral en la industria cárnica es hasta seis veces superior que en una mina de carbón.[112] Pero esto no es exclusivo del mundo de la carne, a pesar de que en este sea especialmente relevante. La profesora Kim TallBear, experta en comunidades indígenas, tecnología y medio ambiente, señalando los aspectos críticos del sistema alimentario actual, observa cómo todos los cuerpos, humanos y no humanos, que sirven para sostenerlo son continuamente violados y explotados.[113] Incluso en la dimensión del consumo, como la que ve obstruidas nuestras arterias tras años de libaciones químicas.

Porque el capitalismo necesita los cuerpos como elemento productivo, introducido, controlado, estandarizado, maleable para la máxima productividad.[114] Entender los mecanismos por los que se manipulan ciertos cuerpos, por genética o por la necesidad de repetir el mismo movimiento durante horas hasta que el cartílago se consume, significa reflexionar sobre qué hilos erosionan esos cuerpos, y cuáles son los sujetos a los que nuestra sociedad vuelve precarios, vulnerables, prescindibles, mucho más allá de las granjas y los mataderos. Las mujeres moldavas y sus vientres preñados de los sicilianos propietarios de los invernaderos de tomate, los hombres mexicanos de los pueblos de Oaxaca que sobreviven al desierto para asfixiarse en los campos de fresas californianos, las piernas de quienes tienen que desplazarse en bicicleta llevando al hombro mochilas cuadradas que contienen nuestros almuerzos, las ampollas doloridas de los mozos de almacén de Amazon, hasta los miembros anónimos, desprendidos de unos peces que no conocen la luz, en el fondo del Mediterráneo. Y es precisamente la ausencia de cuerpos lo que hace que la idea de la carne cultivada resulte tan atractiva para tantos inversores y otras personas. Con la producción de carne en laboratorio, se evitarían estos destellos de vida animal, encendidos solo para apagarse inmediatamente.

Pero, como innovación, la carne cultivada daría lugar a mucho más que un conjunto de soluciones a los problemas actuales de la industria. Abriría la puerta a un mundo gastronómico revolucionario. ¡Posadero, una degustación de rinoceronte para la señora! Y luego, patatas fritas de tigre, tartar de delfín, incluso un guiso de panda, sin temor a que el WWF se inmute para defender a su mascota. ¿Por qué conformarse con el pollo, el beicon, la ternera o el salmón? Con semejante tecnología, es concebible llegar tan lejos como permitan los límites del temor divino, y más allá. Las delicias de cualquier animal podrían reproducirse en el laboratorio, junto con las características más impensables. Podrían romperse todos los tabúes, incluso los más extremos. Al menos según los autores de *The In Vitro Meat Cookbook.*[115] Al crear un libro de recetas surrealistas donde se llevan al extremo las consecuencias de la carne *in vitro,* los autores sugieren un menú basado en el ídolo del momento: la cantante favorita podría donar algunas células y convertirse en el plato del día; la actriz ganadora del Oscar, darse en exclusiva al restaurante de moda. Incluso el horror al canibalismo podría quedar mitigado si esta tecnología fuera capaz de cambiar los horizontes morales. En cuanto a mí, no necesito llegar tan lejos, todo lo que necesitaría es una tostada de pan, un cuchillo y un poco de paté de hígado de oca para untar, sin el sentimiento de culpa de que para eso la hayan obligado a comer a la fuerza metiéndole un tubo por la garganta. Sin crimen, sin castigo, solo placer que inundase el paladar.

Pensamiento mágico y tecnotopías

Sin embargo, la lista de fantásticos resultados en laboratorio sigue teniendo un problema. Siguen bajo el hechizo de la palabra «hipótesis». Se trata de la luna de miel en la que «se forman visiones de un futuro alimentario completamente diferente cuando el optimismo por la nueva tecnología es alto, y la comprensión de sus limitaciones es baja».[116] En cuanto a la pregunta de qué es lo que nos diferencia a los humanos de otras especies, lo sucedido con la carne de laboratorio quizá puede dar una pista: la capacidad de hacer promesas.

Hay muchos obstáculos que superar antes de que la carne cultivada pueda ser una opción viable a gran escala. No solo a nivel técnico, sino también legislativo. En Estados Unidos, la FDA sigue trabajando para evaluar si su consumo es aconsejable. En noviembre de 2021, la Unión Europea concedió fondos para continuar la investigación, lo que da la impresión de que no existe una resistencia institucional particular, pero todavía no se ha pronunciado sobre su consumo de forma inequívoca.

Pero hay un obstáculo que parece más insidioso que la burocracia de los organismos de control, los experimentos fallidos y los elevados costes de producción y energía. El llamado factor *yuck,* de la onomatopeya en inglés que significa la repulsión que se siente ante un alimento repugnante. La percepción de lo antinatural de algo que se debe ingerir tiene el poder de desencadenar temores ancestrales. Además, el asco se aprende, se observa y se asimila en función del origen geográfico, la clase social y la época. Las ostras, hoy signo de distinción con un toque decadente en el mundo occidental, hace solo doscientos años eran una fuente de proteínas que las clases más pobres añadían a sus potajes, mientras que eran despreciadas por las clases altas. La mera visión del perro asado en medio de un mercado en la zona rural del norte de Vietnam me cerró el estómago durante días, a pesar de que racionalmente sabía que no había ninguna diferencia sustancial con cualquier otro filete o chuleta que hubiera comido.

El recelo hacia la carne de laboratorio no es fácil de eliminar, a pesar de ser más limpia que la de las granjas intensivas, donde, entre los muchos detalles sangrientos, destaca la técnica de despiece de las aves de corral. Los pobres pájaros, enganchados por las patas, son transportados a una sala donde sus cabezas tocarán un baño salino en el que se aplica una descarga eléctrica para matarlos, en el peor de los casos aturdirlos; allí, una cuchilla giratoria les cortará el cuello, acabarán en un caldero hirviendo donde serán desplumados, desprovistos de patas, cabeza, órganos y finalmente dejados reposar en enormes cubas de agua fría antes del procesado final. Junto a las aves, en el agua, acabarán sus excrementos, el amoníaco, la sangre que no se haya exprimido del todo y las bacterias supervivientes. El caldo en el que se sumergen las futuras pechugas que encontraremos en el menú es tan estéril y apetecible que los del gremio lo llaman cariñosamente *shitsoup*.

Por supuesto, la comida industrial moderna retoma el concepto de ocultación que analizábamos antes: se reproduce una imagen de tradición y naturaleza que aleja al consumidor del acero y de los productos químicos que impregnan el sistema intensivo. Por el contrario, para la carne cultivada, el laboratorio es de asociación inmediata e indeleble. Cuanto más aparecen en el imaginario colectivo las máquinas, el procesado y, sobre todo, la química, más se aleja uno de la idea de lo natural, sea lo que sea. Si en el sistema industrial se invita al consumidor a mirar hacia el pasado, con la carne de probeta se le empuja a mirar hacia el futuro, el país de los sueños, pero también de la incertidumbre. Sin embargo, con el tiempo y la costumbre, incluso este aspecto puede llegar a ser secundario, teniendo en cuenta que no hay nada universal en el mundo de la comida, y añorar el «como antaño» es a menudo una forma velada de perseguir una nostalgia patriarcal en la que cocinar era una responsabilidad exclusivamente femenina.[117]

Pero hay más. «Desde Prometeo en adelante, no hay descubrimiento científico que pueda presumir de no haber ofendido a alguna divinidad».[118] Hay una emoción que va más allá del asco, ligada a la idea de poder multiplicar partes de seres vivos que pueden crecer independientemente de la vida que lleve el «ser original». Una mezcla de delirio creativo y miedo a invadir territorios que no deberían ser asunto nuestro acompaña la narrativa que hay detrás de la carne *in vitro.* Por el contrario, esto no pasa cuando la misma tecnología se utiliza para reproducir las láminas de cuero y piel que se emplearán en la alta costura, otro campo en busca de la sostenibilidad.[119] Y Prometeo, de carne, sabe mucho. *Primus bovem occidit Prometheus,* cuenta Plinio el Viejo.[120] Prometeo mató al primer buey, y con el fuego nos enseñó a cocinar la carne, emancipándonos de la condición de animales. No existe la carne tal y como la conocemos sin la figura de Prometeo. Quizá sea precisamente en el dominio del fuego donde se esconde el secreto de nuestra evolución. El paso por el fuego no solo hace que los alimentos sean más seguros y duren más, sino que también se vuelven más nutritivos. Pero además de las cuestiones nutricionales, al cocinar trozos de animales hacemos que su carne sea diferente de la nuestra, la domesticamos y la controlamos, siendo capaces de encerrar la naturaleza en una olla, de domesticarla poniéndole una tapa.

Se supone que la primera carne que encontramos fue la médula ósea, chupada de los cadáveres que otros depredadores dejaban abandonados, hace unos dos millones de años, antes incluso de que nos convirtiéramos en *sapiens.* Nuestro cerebro —o mejor dicho, la relación entre el tamaño de este y el resto de nuestro cuerpo— y el número de neuronas que contiene lo hacen extremadamente eficiente, pero también muy costoso de mantener. Nuestros antepasados encontraron en la carne una mezcla que funciona mejor que las alternativas vegetales. Un eficaz paquete energético. El fuego, las historias a su alrededor, el lenguaje y el arte de las veladas en compañía del clan. Sin embargo, la respuesta a por qué en algún momento nuestros caminos se separaron de los de otros primates reside en una visión más holística, en la que las plantas también desempeñaron una función. La carne, pues, no es un imperativo categórico, pero es sin duda «un alimento por el que los humanos tenemos una especial afinidad biológica».[121]

Y, como Prometeo, también nosotros con la carne cultivada intentamos arrebatar algo a los dioses: quizá la muerte, tanto de los animales como la nuestra. Fue precisamente la muerte de su ya inseparable Enkidu, el hombre salvaje domesticado a base de pan y cerveza, lo que impulsó a Gilgamesh a emprender un viaje para descubrir su mortalidad. Los mitos nos transfiguran, nos impregnan. Tendemos hacia nuevos mundos, pero siempre con el riesgo de la alienación, de quitar demasiado, de anestesiarnos por miedo a la pérdida. Freud definió la civilización como una forma de protegernos de la naturaleza que hay fuera y dentro de nosotros. ¿Qué naturaleza exorcizamos al crear carne a partir de unas pocas células? Si no nos planteamos estas preguntas, y nos limitamos únicamente a embriagarnos con las promesas de futuro, corremos el riesgo de acercarnos, más que a Prometeo, a su menos visionario hermano Epimeteo, el que tomó por esposa a Pandora, cuya curiosidad aún estamos pagando.

Otro problema, menos filosófico, se deriva de quién tendrá el control de esta tecnología. ¿Cómo será esta tecnotopía? Quizá algún día podamos volver a tener un par de gallinas por barrio, y todo el mundo pueda cultivar su propia carne en casa como si fuera masa madre, pero por ahora esta visión sigue estando muy lejos. Incluso Tyson Foods Inc. ha decidido invertir en la producción de carne de laboratorio. Y hablando de esconderse y de palabras, hace unos meses decidió autodenominarse con el nombre más genérico de industria «proteínica». Y junto a ella, muchos otros grandes nombres cuyas prácticas han aparecido en estas páginas.

Ya se sabe que si le preguntas al tabernero cómo está su vino, siempre te dirá que está bueno. Dada la necesidad de invertir capital en investigación y tecnología, existe el riesgo de que se sigan creando fuertes concentraciones de poder. Por supuesto, el sistema siempre se mueve dentro de los dogmas del mercado, de la tecnología y de la economía occidental; no es casualidad que el primer plato que se presentó al mundo como representante global de la idea de carne fuera una hamburguesa y no, por ejemplo, una salchicha holandesa. Una nueva tecnología nunca actúa en el vacío. La carne cultivada parece entonces alejar todavía más del campo el mundo de la producción alimentaria, proponiendo mundos más parecidos a *Blade Runner* que a la película *El árbol de los zuecos.*

No cabe duda de que las perspectivas que abre la carne cultivada pueden ser asombrosas, pero toda esta revolución se mantiene en el mismo marco. La tecnología de la carne artificial cultivada quiere ser un terremoto, pero en realidad no rompe el paradigma que subyace a la cultura moderna de la carne y al sistema alimentario moderno. La pregunta a la que quiere responder sigue siendo: ¿cómo producir más calorías animales, aunque sea de forma más sostenible? Se refuerza la centralidad de la carne, tal como la concibe hoy el modelo occidental, en la dieta mundial. Y con ella, el sistema de símbolos que implica.

Lo difícil que es pensar en una mesa que se sostenga por sí sola sin carne lo demuestra el crecimiento exponencial de *start-ups* fundadas con el objetivo de reproducir alimentos de origen vegetal, pero idénticos en apariencia, sabor y textura a los alimentos de origen animal a los que pretenden sustituir. Y, por un puro giro del destino, mientras preparo estas páginas me invitan a la presentación de una de estas *start-ups,* en una conferencia sobre las últimas innovaciones tecnológicas en alimentación.

Sus productos, indistinguibles de un *shish kebab* que antes balaba o de una hamburguesa de ternera, tienen ahora un ADN compuesto de lentejas, soja y otros ingredientes que no pueden revelar por secreto industrial, pero de origen únicamente vegetal. Degustar los platos que han traído para la demostración es como participar en un truco de magia y no poder entender cómo es posible que la carta sacada al azar de la baraja es la misma que encontró el mago. Pero, a diferencia del asombro asociado a la habilidad del prestidigitador, aquí no solo se ve afectada la vista. Todos los sentidos se sienten hechizados.

Y, sin embargo, no es solo una cuestión de gusto. Incluso la consistencia, el aspecto jugoso de los bocados que se sirven con gran esmero son indistinguibles de la comida que imitan. La narrativa con la que presentan las innovaciones es tan familiar, tras meses investigando el mundo de la carne y su lenguaje, que da la sensación de estar en una conferencia sobre agricultura sostenible. Detrás del micrófono, la responsable de *marketing* no toma inmediatamente la palabra. Sonríe mientras los presentes saborean los últimos avances en impresión 3D. Recuerda la misma cara de satisfacción de Alim cuando nos llevó a la carnicería clandestina en medio de la nada en Calcuta. «Nuestro amor por la carne nunca cambiará. Pero no podemos ignorar el daño que genera la industria cárnica. Tenemos la solución, y a juzgar por sus caras creo que no será difícil convencerles, igual que hemos conseguido convencer a algunos de los mejores chefs del mundo para que utilicen nuestros productos en sus impenetrables cocinas».

A continuación, se proyectan diapositivas de chefs con estrella Michelin —todos ellos hombres— y sus menús, que incluyen algunos de sus platos fuertes, filetes humeantes, salchichas bañadas en elaboradas salsas o quiches repletas de ragú, pero con una hojita verde al lado, indicando que se trata de la opción vegetariana del menú. Concluyen con más fotos de fiestas de empresa, a las que admito que me darían ganas de asistir.

Un mensaje importante queda implícito en toda la presentación. La carne, no importa si no lo es «de verdad», sigue en el centro. El rey se mantiene firme en el trono. Se mencionan los problemas medioambientales, el calentamiento causado por los gases de efecto invernadero en las explotaciones ganaderas, el suministro de agua contaminada, pero nunca se menciona la crueldad del sistema intensivo, inherente a la producción actual de carne. No hay ningún comentario sobre la salud, el consumo de alimentos altamente procesados, o la presencia masiva de soja, y su problemática relación con el sistema intensivo. Alguien levanta la mano entre el público e intenta preguntar por algunas de estas cuestiones, pero la ponente las desestima con un rápido gesto de la mano. Es una fiesta, estamos en plena revolución, no hay que arruinar el entusiasmo. La carne es buena, amar la carne es correcto, natural, un derecho que no venimos a discutir, ofrecemos un producto que puede eliminar la culpa sin afectar al placer. El público objetivo es una nueva clase media joven que se preocupa por la comida y el medio ambiente, y menos por los conflictos sociales. «Carne nueva, sin compromisos», reza la página web. Han eliminado el animal de la carne, el referente ausente de Carol Adams, sin afectar a su simbolismo. Así, el nuevo lenguaje se reapropia de términos como filete, pero de soja; leche, pero de almendras; mayonesa, pero sin huevo, alejándose un paso más de lo ferino original. Un concepto de carne independiente del animal.

Estas nuevas tecnologías, como la carne cultivada, pueden abrir nuevos escenarios que ahora nos cuesta vislumbrar en su totalidad. Si la tecnología lo permite, todo el mundo podrá producir su propia carne; podrían surgir infinidad de microproductores de carne de cultivo artesanal, como ha ocurrido en el sector cervecero en los últimos años. Cada uno con su receta, en su terruño, no para ser criadores, sino maestros cárnicos. El cambio siempre parece imposible, hasta que se hace realidad.

O solo cambiará en pequeña medida la estructura industrial neoliberal y extractiva. Blanchette, al describir los diferentes destinos de los cerdos que vio crecer, menciona la carne para alimentación como solo uno de sus productos. La corporalización del cerdo se extiende al uso de gelatina, de tinta, el animal se mezcla con cemento y asfalto e incluso se utiliza como combustible. Del mismo modo, la soja, su compañera en el mundo de la alimentación moderna, se utiliza como adhesivo, como conservante, en la industria del pegamento, de los explosivos, del plástico, del cemento, de la ropa, y también como combustible, en los llamados biocombustibles que tanto contribuyeron a la subida de los precios de los alimentos a principios de la década de 2000, provocando no pocas convulsiones políticas. El riesgo es que no eliminamos la idea de la explotación de los cuerpos con fines lucrativos. Eliminamos solo una de las grandes funciones de las granjas y del monocultivo, pero no todas.

Para cambiar de rumbo, debemos hacer un nuevo esfuerzo imaginativo, afinar una nueva forma de observar, dejando que las realidades se liberen de nuestras categorías, que queden al descubierto y que interactúen con nosotros bajo otras luces distintas de las que exige nuestro sistema económico, que está llegando a su fin.

UN HORIZONTE MÁS LEJANO

> LISA *No, no puedo, no puedo comer nada de eso.*
> HOMER *Espera, espera, Lisa, cielo, ¿quieres decir que no piensas comer nada que sea de animal? ¡Pues panceta!*
> LISA *No.*
> HOMER *¿Jamón?*
> LISA *¡Nooo!*
> HOMER *¿Morcilla?*
> LISA *¡Papá, todo eso procede del mismo animal!*
> HOMER *Ji ji ji, sí, Lisa, ¡de un maravilloso y máaagico animal!*
>
> «Lisa, la vegetariana», *Los Simpson,* temporada 7, capítulo 5

Cena en casa del doctor Frankenstein

«Mi comida no es la del hombre; no destruyo corderos y cabritos para saciar mi apetito; bellotas y bayas me dan suficiente alimento [...] La imagen que os presento es pacífica y humana».[122]

Paso los dedos por estas frases una y otra vez, como para cerciorarme de su existencia material. ¿Cómo es que acabo de fijarme en este pasaje? Sin embargo, he leído la historia decenas de veces desde que lo conocí. Este detalle nunca ha aparecido en las numerosas adaptaciones televisivas, teatrales o cinematográficas, ¿o me equivoco? Incomprendido, abominable, aterrador, estas son algunas de las características fáciles que yo habría atribuido a la criatura del doctor Frankenstein, no la de tener una dieta vegetariana. Aquel que parece monstruoso y aterrador a quienes se topan con él es un pacífico comedor de frutas, verduras y bayas. La escritora Mary Wollstonecraft Shelley, junto con su marido Percy, fue una ferviente defensora de una dieta sin carne de animales, y para marcar la naturaleza dócil de su criatura, Shelley decidió darle precisamente esta connotación. La criatura del doctor Frankenstein era vegetariana. Para Percy Shelley, la lectura de Prometeo es diferente de la narración de la carne cultivada. Para él, Prometeo tuvo que compartir el fuego con la raza humana, precisamente para controlar el asco primitivo derivado de la carne cruda, que recuerda la muerte y el horror de los que proviene el nuevo placer del paladar. Por ello, su castigo solo puede ser que su propia carne y entrañas sean devoradas, crudas, eternamente, convirtiéndose él mismo en carne de matadero.[123]

¿Cómo es posible que no me diera cuenta antes de este detalle? La respuesta viene del trabajo de la psicóloga Melanie Joy sobre lo que ella define como «carnismo», es decir, ese sistema invisible de creencias e instituciones que promueve el consumo de carne de ciertos animales por encima de la de otros, como si fuera algo dado: algo que «debe ser», y por tanto no cuestionable. La estudiosa explica cómo se nos socializa, desde pequeños, para que creamos que la carne es una necesidad biológica, que sin ella en nuestras comidas diarias nuestra salud se vería comprometida, como demuestra el ensañamiento contra esos padres que optan por dietas vegetarianas incluso para sus hijos. *Normal, natural, neccesary, nice,* las cuatro «N» acuñadas por la investigadora encapsulan este concepto por el que la carne se convierte en un elemento «normal» que hay que incluir en una comida, un derecho garantizado de todo ciudadano libre.[124] «Natural» porque es lo que hace todo el mundo, la rutina compartida hace invisible su carácter extraordinario; tanto como «necesaria» para una buena salud, especialmente para los miembros del Boys Club; y, finalmente, es «agradable» *(nice),* el alimento más sabroso y tentador de toda la comida. En ciertas partes del mundo, consideramos normal que, cuando se enciende el semáforo en rojo, los demás conductores se detengan; no reflexionamos sobre las normas de tráfico cada vez que nos montamos en un coche, a menos que estemos en un país desconocido. Igual que hace sesenta años era normal ver a un presentador fumando durante todo lo que duraba un programa patrocinado por la misma marca de cigarrillos. Ese gesto entonces era invisible, igual que hoy siguen siendo invisibles la carne y sus implicaciones ecológicas, de identidad y morales.

Tan es así que incluso se sirvió en Escocia, en Glasgow, en la conferencia COP26, la convención de Naciones Unidas sobre el cambio climático, a pesar de que la producción y el consumo de productos de origen animal, especialmente si vienen de sistemas intensivos, es una de las acciones con mayor impacto ambiental.

El peligro de las rutinas radica precisamente en que parecen apolíticas y, por tanto, inobjetables. Seguimos viviendo en una sociedad que castiga la desviación, la misma que se intenta suprimir en los vastos monocultivos de maíz o soja o en las frágiles aglomeraciones de pollos de la misma variedad genética escondidos en algún cobertizo de Arkansas, precisamente porque revela la fragilidad del sistema. Ni siquiera el escándalo de las condiciones de trabajo en los mataderos alemanes durante la primera oleada de COVID-19 llevó a discutir la legitimidad del sistema de carne intensiva.

Es hora de reapropiarse de lo que parece políticamente neutro, de desnaturalizar lo que consideramos «natural», de comprender qué relaciones de poder se ocultan en ello.

El antropólogo Nick Fiddes llega a afirmar que la función más importante de la carne no se encuentra en su potencial nutritivo, sino en ser un símbolo de nuestro dominio sobre cualquier otro ser vivo.[125] Dominio que, como consecuencia, se extiende incluso sobre aquellos que son considerados más animales que humanos. En el disfrute del consumo de esta carne, implícitamente consideramos tal dominio un aspecto deseable, un resultado al que aspirar. Pero, como escribió el erudito Max Horkheimer, «el sometimiento de la naturaleza se convertirá en el sometimiento del hombre, y viceversa, hasta que el hombre comprenda su propia razón y el proceso fundamental por el que ha creado y mantiene el antagonismo que está a punto de destruirle».[126] Somos Ulises que, en la alienación moderna, en la frenética búsqueda del ascenso económico o de la mera supervivencia, nos engañamos pensando que estamos cegando a Polifemo, sin darnos cuenta de que estamos clavando estacas al rojo vivo en nuestros propios miembros.

La carne se convierte aquí en un nudo viscoso donde se mezclan el medio ambiente, la salud, las arterias coronarias que se obstruyen, el paladar que sonríe, el suelo que se contamina, las comunidades indígenas del Amazonas, las falanges cortadas de los trabajadores sin contrato que saltan como los picos cercenados de millones de pollos, las cenas con un cabeza de familia, el nacionalismo hindú, las nuevas multinacionales al mando del Partido Comunista Chino, las lagunas de Carolina del Norte, los antibióticos que se pagan en las farmacias, los maizales monocromos del valle del Po, los rostros esqueléticos del hambre, se condensan en la voz de un menú en cualquier restaurante del mundo.

Las cadenas del consumo

Desvelar la infinita variedad con la que se manifiesta uno de los alimentos más importantes de la civilización humana debe producir algo más que asombro y ansiedad. Este viaje otorga una nueva sensación de ligereza y serenidad a quienes se hayan enfrentado a él. Pensar en estas cuestiones debe ayudar a reunir nuevas fuerzas para reconocer lo extraordinario en lo ordinario, para liberarnos de la cristalización de nuestra identidad humana como algo eterno o inmutable, abandonar las dicotomías arbitrarias entre un «nosotros» y un «ellos» para abrazar lo que el filósofo Nicola Perullo describe, en cambio, como diferencias relativas, posicionales, vinculadas a la inmanencia del aquí y el ahora.[127] Somos seres que fluyen, nuestra esencia cambia con cada encuentro. Somos fluidos, reflejamos y absorbemos, luz refractada. En un continuo intercambio de relaciones que nacen, crecen y decaen para dar cabida a nuevas formas de convivencia. Somos nudos en una malla que se extiende por lo visible y más allá. Latimos, nos deshacemos y volvemos a formar en un continuo devenir. Al igual que hay ciertos miedos que, una vez pronunciados en voz alta, pierden su poder aniquilador, descifrar el simbolismo de la carne puede hacerlo menos eficaz. Y, sobre todo, no somos solo lo que consumimos o aspiramos a poseer.

Es cierto que en estas páginas no hay directrices, preceptos ni consejos de comportamiento relacionados con el consumo de proteínas animales. Claro, parece que renunciar incluso a una sola comida a base de carne podría privarnos de la energía necesaria para cargar nuestro móvil durante dos años.[128] Pero centrarse solo en el comportamiento del individuo en cuanto consumidor no es suficiente, y a menudo pretende ser una estrategia para despolitizar los problemas estructurales del sistema neoliberal y capitalista, de modo que desaparezcan de la agenda social.[129] El cambio individual, comunitario, se produce a través de encuentros, con personas, con un objeto, una historia, escuchando el relato de vidas que son todas tan iguales como las de un pollo enjaulado y sus hermanos. Y para añadir otra capa de complejidad, si bien es innegable la necesidad de reducir el consumo de proteínas animales, sobre todo en el norte global, también es cierto que son las clases con menos ingresos las que más las consumen, a menudo en formas procesadas, con sus altos niveles de sal, grasas y conservantes. Parece, por tanto, como si el animal regresara para vengarse obstruyendo la arteria de los responsables de que le hayan cortado la suya.

Esto no quiere decir que debamos rendirnos ante la complejidad de estas cuestiones. Es más, todo lo contrario. Significa que hay multitud de enfoques en los que cada cual puede contribuir como pueda y mejor le parezca, unos en lo relativo al consumo, otros en el activismo político, otros en el ejercicio de una mayor compasión, otros en la protesta o entrando en espacios políticos. Depende de nosotros decidir cuánto tiempo más queremos que el capitalismo sea el ingrediente principal y silencioso de nuestras comidas. También puede ser solo una opción reconocer los estereotipos patriarcales en los que seguimos enredados, o las lentes neocoloniales con las que juzgamos los hábitos culinarios diferentes de los nuestros.

Anna Tsing, en su libro *The Mushroom at the End of the World. The Possibility of Living in the Ruins of Capitalism,* relata la historia de la seta Matsutake, un preciado manjar considerado a la altura del champán y el caviar en términos de prestigio, pero en las antípodas de cualquier otro producto del sistema de producción capitalista.[130] Durante años, estudiosos japoneses y estadounidenses han intentado cultivar esta variedad tan prometedora, pero sin éxito. El triángulo de interacciones entre los bosques que la albergan, a menudo arruinados por las políticas madereras extractivas del pasado, las esporas del hongo y la peculiar humanidad que los frecuenta en su busca, sigue siendo un misterio que hace que la seta sea inadecuada para la producción intensiva y la comercialización global que afecta hoy a todas las mercancías, y a todos los individuos. La autora parte de esta observación para descubrir una serie de microuniversos al margen de las economías capitalistas, creados por la propia existencia del hongo. En los bosques de Oregón, donde se recolecta el Matsutake para venderlo a precios estratosféricos en el mercado japonés y en restaurantes con estrellas Michelin, se pueden encontrar comunidades de primera y segunda generación procedentes de Indochina que huyeron de la guerra y de los regímenes políticos, capaces de aprovechar su antigua habilidad para vivir en sincronía entre los árboles, así como veteranos caucásicos que encuentran en la penumbra de las ramas y la humedad del suelo musgoso el único consuelo a sus pesadillas postconflicto. A través de sus historias, unidas por una fuerte sensación de precariedad que suena familiar a los lectores de hoy, la autora muestra lo que significa sobrevivir dentro de la destrucción capitalista mediante formas inusuales de colaboración entre especies y entornos distintos.

Como los hongos, seres con arquitecturas complejas invisibles para nosotros y relaciones simbióticas tanto con el reino mineral como con el vegetal y el animal, también nosotros vivimos en una interacción de sistemas complejos y contradictorios, de los que a menudo nos olvidamos en favor de la sola dimensión de la creación y el consumo de valor.

Se procede por ensayo y error, se traza el territorio con las herramientas de las que se dispone: las estrellas, una fábula, una etiqueta en una fina lata de aluminio, bocados clandestinos en un bar de mala muerte de los suburbios. Pero nuestro potencial ontológico es tan infinito y magnífico como los mandalas que aparecen en el interior de un caleidoscopio lleno de piedras de colores y destellos. Solo tenemos que cuestionar la calidez en la que estamos inmersos. Y un buen punto de partida para acercarnos a la complejidad de las superestructuras que nosotros mismos hemos creado para darnos soporte, y a la vez barrotes, es la mesa, y sobre ella la carne.

Espero que estas páginas hayan ofrecido un punto de partida para comprender mejor el mundo en que vivimos, para practicar nuevos ejercicios de imaginación. Empezando por el sistema agroalimentario moderno, su falta de creatividad al declinar y potenciarse solo a través de un puñado de especies, sometidas para satisfacer nuestros apetitos materiales, podemos tomar impulso para saltar a otra parte. Para tender a la ruptura de las categorías en las que nos hemos refugiado en pos del desarrollo tecnológico y consumista, y dejar atrás las dicotomías de cuerpo y mente, macho y hembra, naturaleza y cultura, y finalmente humano y animal, que encuentran en la industria cárnica moderna su punto de culminación, y al mismo tiempo de ruptura.

EPÍLOGO: UN ROLLITO INESPERADO

Hay una grieta, una grieta en cada cosa,
y por ahí entra la luz.
LEONARD COHEN

«Hola, Dada,[131] estoy en Hanoi». Le escribo a Bernardo mientras estoy atrapada bajo el fino toldo de un café callejero. La lluvia monzónica me ha vuelto a pillar desprevenida. Han pasado más de diez años desde aquella sopa en Calcuta, desde entonces el mundo de la carne parece haberse intensificado como si hubiera tomado esteroides. Cada vez más países, especialmente aquí, en el sudeste asiático, adoptan el modelo intensivo y todo lo que conlleva. Los pequeños ganaderos están cayendo en entramados de subcontratas, el futuro y el progreso solo se describen a través del ritmo de las cortadoras automáticas de carne que golpean los mostradores de acero, las pequeñas tiendas de barrio están siendo eliminadas para dejar paso a las cadenas internacionales de supermercados. El paisaje de las ciudades asiáticas sigue mudando su piel de serpiente de cascabel.

Pero están floreciendo nuevas semillas, fuerzas subterráneas que brotan de distintas fuentes y fluyen en dirección a nuevas y múltiples revoluciones. El motivo de mi viaje a Vietnam es visitar varias comunidades de agricultores y ganaderos que están adoptando sistemas de agricultura y ganadería distintos de los impuestos por los gigantes de la industria. Son sostenibles, complejos, cruzan especies y variedades diversas. Sistemas polifónicos que se oponen a la misma nota repetida en monocultivos intensivos o en las naves industriales llenas de hijos de la misma probeta. Se mueven a través de varios planos temporales, perseveran en sus antiguos saberes, injertándolos en descubrimientos modernos. Por supuesto, necesitan tiempo, recursos, conocimientos. No buscan la optimización, las economías de escala o el máximo. Aspiran a la continuidad de la vida, a un sentido más pleno y compartido de la misma. El suelo renace, vuelve a ser blando; las laderas de las montañas, ahora salpicadas de arbustos, ya no amenazan con avalanchas de barro a la primera lluvia; los peces vuelven a habitar los arroyos y por la noche se oye el croar de las ranas. En una región del norte del país, Son La, muchachos y muchachas me muestran con gestos los arrozales habitados por peces y patos que les ayudan a tener a raya a los insectos, fertilizando el fondo fangoso. No necesitan quintales de abonos y pesticidas, la química sigue presente, pero de forma reducida, y el balance entre coste y oportunidad es positivo. También seleccionan las mejores variedades de arroz, pero mantienen bancos comunitarios en los que almacenan las semillas más diversas para cualquier eventualidad, y los conocimientos sobre la mejor forma de cultivarlas y utilizarlas una vez maduras. Los últimos avances técnicos y científicos están al servicio de la comunidad, de todo el paisaje, no solo de sus habitantes humanos. El eje antropocéntrico ha empezado a inclinarse, y no parece querer detenerse. Recogen del terreno unas plantitas que se convertirán en forraje para los búfalos de agua, para mostrarme el intrincado patrón de las raíces, el olor a tierra viva y húmeda, un microcosmos que ya contiene toda la vida necesaria para la estación venidera.

Ahora, en la húmeda Hanoi, la lluvia es cada vez más espesa y el viento hace inútil cualquier intento de refugio. La única solución «seca» pasa por entrar en el local frente al que me encuentro. La luz es suave, hay sillones de mimbre y las típicas mesas de madera de unos pocos centímetros de altura. El camarero me saluda con una sonrisa y, antes de entregarme la carta, me enseña el wifi y la contraseña. Da la sensación de estar en un viejo fumadero de opio con alguna influencia punk.

«Hoy han llegado unas setas frescas del interior, hemos preparado unos rollitos, si le gustan». Setas. Seres que viven en el umbral de múltiples reinos, ni vegetales ni animales, escapan casi siempre a nuestro control y comprensión. Destellos inmediatos, vislumbrados solo por los ojos más atentos, tan mortíferos como deliciosos.

Me llevo un rollito a la boca después de mojarlo en una salsa espesa. Una explosión de sabor me invade el paladar. Y pienso en todo lo que encierra este simple bocado, en el trabajo que supone cultivar el arroz y convertirlo en harina, en las verduras que lleva dentro, en las antiguas prácticas de fermentación que dan a la soja un aspecto muy distinto del que conocen las comunidades amazónicas, en la satisfacción que debe seguir al descubrimiento del hongo, en los conocimientos heredados que se requieren para garantizar la ausencia de veneno. Las baterías de pollos, los movimientos incesantes de los obreros y sus cuchillos, el chirrido de la maquinaria parecen lejanos, pero es una ilusión que dura el tiempo que se tarda en recibir una tacita de caldo claro, cortesía de la casa. Todo está conectado, somos nudos de una red que se extiende mucho más allá de los límites de lo visible.

«Hey, Didi,[132] ten cuidado con lo que te ponen en la mesa, ya sabes cómo acabó la última vez».

El mensaje parpadea en la pantalla de mi teléfono. Sonrío y sigo comiendo.

AGRADECIMIENTOS

Las primeras semillas de la intuición de que la comida era la raíz de muchas dinámicas modernas las plantaron en mi mente, hace años, las palabras de «Carlin» Petrini, fundador del movimiento Slow Food. En 2013 vino a dar una conferencia en la universidad a la que yo asistía entonces, pero no tuve el valor de acercarme, presentarme y darle las gracias. He hecho un máster en su ciudad natal, muchas Terra Madre y otras fiestas juntos, pero aún no he superado cierta timidez. Así que aprovecho para decirle: Carlin, gracias por la alegría.

Tengo una enorme deuda académica con la Universidad de Ciencias Gastronómicas de Pollenzo, donde oí hablar por primera vez de algunos de los temas presentes en estas páginas. Las conferencias y aventuras en el norte rural de Albania con el profesor Andrea Pieroni, las cenas a base de hierbas campestres que hacíamos después, la posibilidad de comprender nuestra complejidad refractada en una copa de vino con el profesor Nicola Perullo, el rigor científico y el amor por el conocimiento de la profesora Gabriella Morini; el seminario sobre alimentación y migración al que asistí en los primeros días del curso, que me permitió ver el mundo de la gastronomía bajo una nueva luz, la relacionada con las negociaciones identitarias, por la que doy las gracias al profesor Simone Cinotto y a la profesora Hasia Diner. Este libro no existiría, además, si no fuera por la inestimable ayuda de Bruno Viberti que, aunque me licencié hace años, todavía me deja admirar los lomos de los libros de la biblioteca de la universidad, y no solo eso: por su amistad y su capacidad para aconsejarme siempre sobre nuevos y viejos autores que me sirven como guía en mi investigación.

Siguiendo en la órbita de los *Food Studies,* agradezco la labor de Raj Patel, cuyo libro *Stuffed and Starved* fue de los primeros que tomé al inicio de mi andadura gastronómica y me dio una impronta muy precisa. A Eric Holt-Giménez que, en medio de todas sus luchas, siendo todavía director ejecutivo de Food First, encontró tiempo para dedicarme una tarde en su oficina de Oakland en 2016 y hablar conmigo de sostenibilidad y justicia social. Y, de igual modo, a la escritora, periodista, amiga Simran Sethi, con la que tuve la suerte de coincidir por casualidad una mañana en la oficina y con la que se sucedieron interminables charlas sobre la vida, el amor, los orígenes y la familia, alrededor de un buen plato de pasta en los veranos romanos. En el mundo de la biodiversidad, sector que llena mis días en el trabajo y fuera de él, doy las gracias a mis principales mentores que, afortunadamente, además de atenderme en videollamada, a menudo me llevan con ellos a los confines de la tierra, donde aprendo de su experiencia, inspiración y personalidad: Carlo Fadda, Adam Drucker y Christopher Kettle.

Debo muchas ideas a la paciencia con la que otros amigos gastrónomos se prestaron a discutir y deconstruir algunas de mis convicciones, a menudo con la ayuda de una buena botella de vino, y adentrándose valientemente en territorios íntimos no explorados. Su amistad, acompañada de su humanidad y brillantez, fueron ingredientes importantes de este libro, por lo que doy las gracias a Andrea Grisotto, Enzo La Forgia, Pietro Pagella, Luca Parigi, Giulia Piola, Giovanni Puglisi y, por último —*People, not ingredients!*—, Paolo Tucci.

En mis viajes he tenido a menudo la suerte de encontrarme con personas que me han dedicado su tiempo y me han dado valiosas ideas, tanto sobre la carne como sobre las relaciones y la vida. La primera persona que le dio la vuelta a mi perspectiva de la dieta vegetariana, para analizarla como un escudo de identidad de minorías necesitadas de elementos de distinción, fue Samir Dave, una de las mentes más brillantes que conocí en las noches de Nairobi, cuyo viaje a la edad adulta comenzó cuando se cocinó un pollo asado, para decepción de su madre. Otro gran compañero de aventuras, de charlas profundas pero también de calmados silencios, ha sido Arjun Bhoopal. Fue mi Virgilio durante muchos tramos. Su brillantez, injertada en una increíble capacidad empática, hizo posible un análisis más complejo de las condiciones de trabajo modernas y, sobre todo, me permitió salir de mi eurocentrismo juvenil.

Los acontecimientos que condujeron a la génesis de este libro son afines a los conceptos que he tratado de expresar en sus páginas, donde cada camino conduce a otros arroyos y riachuelos que hay que explorar con cauteloso entusiasmo. Pero si tuviera que encontrar un punto de partida, señalaría una llamada que recibí de mi amiga, la artesana y escritora Martina Merletti, en 2020, durante los primeros meses de pandemia, que me propuso esta nueva aventura inesperada. Le doy las gracias por haber pensado en mí como escritora antes que nadie.

Gratitud en abundancia le debo también a mi agente Silvia Meucci, de Meucci Agency, quien, además de dar un nuevo rumbo a mi vida adulta, me ha apoyado durante todo el viaje con entusiasmo, profesionalidad y gran calor humano. Sus llamadas y mensajes fueron siempre chispas que me motivaban a dar nueva voz a mis pensamientos.

Quiero dar las gracias a la editorial il Saggiatore por acogerme en la prestigiosa familia de sus autores: a Andrea Gentile por apostar por mí, a Damiano Scaramella por darme las primeras pautas que transformaron mis intuiciones en un libro real y, por último, al editor Marco Marino, la primera persona que me acogió en las oficinas de il Saggiatore y que hasta el final ha estado a mi lado con paciencia y entusiasmo para hacer de estas páginas lo que han llegado a ser. Considero un gran privilegio trabajar con este equipo, al lado de Silvia Meucci.

Estoy, por encima de todo, agradecida a mi familia, a la que va dedicado el libro, aunque no se lo conté hasta que salió a la luz. En particular, a mis abuelas Enza y Maria, puentes entre mundos. Gracias a sus animales de corral, a su cercanía a lo ancestral-rural-universal, a su tenacidad y fuerza para la redención y a su forma de demostrar el amor a través de la cocina, tuve la oportunidad de comprender mejor algunas de las dinámicas ligadas a la tierra sin la dimensión del tiempo. Un agradecimiento especial también a mi tía, Lucia Avitabile, la raíz sarda de la familia, que me llevó por primera vez al Salone del Gusto de Turín y a una de las primeras Cheese, la feria del queso que se celebra cada dos años en la ciudad de Bra, cuando aún tenía que llevar aparato en los dientes. Esta exposición al mundo de la pasión gastronómica hizo que me enamorara del saber artesanal y de las personas que hay detrás: los campesinos, agricultores, pastores, viticultores y un sinfín de rostros anónimos que hacen posible el placer de la mesa.

Por último, me gustaría dedicar mi último agradecimiento a Roberta, tenaz compañera que durante muchos meses ha respondido a mis repentinos cambios de humor, colapsos de confianza y peticiones de soledad y silencio con seguridad, apoyo y toda la paciencia que el fogoso carácter romano puede conceder. No solo ha soportado todas las comidas que yo salpicaba con innumerables anécdotas sobre el mundo animal y cárnico, convirtiéndolas en momentos de explícita discusión política, sino que fue la primera persona que aceptó recibir y mejorar los borradores de los capítulos y que me animó a continuar, a no tener miedo a «volver a fracasar y a fracasar mejor». La serenidad que me da su cercanía me permite prender las chispas que, espero, brillen en mi escritura.

Gracias por todo.

Notas

Todas las notas son de la autora, salvo en los casos en que se indica lo contrario. Los editores españoles han añadido, cuando las hay, las ediciones en castellano de las obras citadas.

[1] «Yoga "powerful unifying" force in strife-torn world: Modi», *The Hindu*, 21 de junio de 2018 (en línea).

[2] S. Chatterjee, «Beefing Yoga. Meat, Corporeality, and Politics», en *Meat! A Transnational Analysis*, S. Chatterjee y B. Subramaniam (eds.), Duke University Press, Durham (NC), 2021, pp. 96-120.

[3] C. Lévi-Strauss, *Il crudo e il cotto,* il Saggiatore, Milán, 2008. En castellano, *Mitológicas I. Lo crudo y lo cocido* [1968], J. Almela (tr.), Fondo de Cultura Económica, México, 2010.

[4] *Marlboro Cook Like a Man Cookbook. The Last Male Art Form,* Philip Morris, Nueva York, 2004.

[5] *«The utterly reckless inclusion of meat, seafood and dairy on the COP26 catering menu is a damning indictment of the UK government's utter failure to grasp the root cause of the climate crisis. It's like serving cigarettes at a lung cancer conference. As long as such illogical decisions are being made, the climate emergency will never be resolved».*

[6] El eslogan de la campaña de Hoover: *«A chicken in every pot, and a car in every garage»,* cfr. A. Ruth, *Herbert Hoover,* Twenty-First Century Books, Mineápolis, 2003.

[7] D. O. Unferth, *Barn 8. A Novel,* Graywolf Press, Mineápolis, 2020.

[8] M. Schneider, «China's Global Meat Industry: The World-Shaking Power of Industrializing Pigs and Pork in China's Reform Era», en B. Winders, E. Ransom (eds.), *Global Meat: Social and Environmental Consequences of the Expanding Meat Industry,* MIT Press, Cambridge (MA), 2019, pp. 79-100.

[9] Ch. Chemnitz, S. Becheva (eds.), *Meat Atlas 2021: Facts and figures about the animals we eat,* Heinrich Böll Stiftung-Friends of the Earth Europe-Bund für Umwelt und Naturschutz, Berlín-Bruselas, 2021.

[10] B. Mizelle, *Pig,* Reaktion Books, Londres, 2012.

[11] «Falsi miti da sfatare: il salmone fa sempre bene», sitio web de Slow Food, 26 de julio de 2021 (en línea).

[12] Ch. Dickens, *Canto di Natale,* BUR, Milán, 2017. Hay múltiples ediciones en castellano. Las citas se copian según la versión publicada en *Canción de Navidad,* M. Á. Pérez Pérez (tr.), Alianza Editorial, Madrid, 2017, pp. 119-120.

[13] Los escamoles, conocidos coloquialmente como caviar mexicano o caviar de insectos, son las larvas y pupas comestibles de hormigas. *(N. de la T.).*

[14] B. Winders, E. Ransom, *Global Meat* [2019].

[15] *Our World in Data,* sitio web (en línea: https://ourworldindata.org).

[16] J. MacClancy, *Consuming Culture: Why You Eat What You Eat,* Macmillan, Londres, 1993.

[17] L. J. Rogers, *The development of brain and behaviour in the chicken,* CAB International, Wallingford, 1995.

[18] D. M. Broom, «Fish brains and behaviour indicate capacity for feeling pain», *Animal Sentience,* 1.3 (2016), p. 4.

[19] A. Potts, *Chicken,* Reaktion Books, Londres, 2012.

[20] S. Olkowicz *et alii,* «Birds have primatelike numbers of neurons in the forebrain», *Proceedings of the National Academy of Sciences,* 113.26 (2016), pp. 7255-7260.

[21] National Pork Producers Council, sitio web (en línea: https://nppc.org/).

[22] H. Neo, J. Emel, *Geographies of meats: Politics, Economy and Culture,* Routledge, Londres, 2017.

[23] Ch. Leonard, *The Meat Racket: The Secret Takeover of America's Food Business,* Simon and Schuster, Nueva York, 2014.

[24] *Ibidem.*

[25] Ch. Chemnitz, S. Becheva (eds.), *Meat Atlas* [2021].

[26] B. Winders, E. Ransom, *Global Meat* [2019].

[27] *OECD/FAO Agricultural Outlook 2021-2030,* OECD Publishing, París, 2021 (en línea).

[28] D. R. Simon, *Meatonomics: How the Rigged Economics of Meat and Dairy Make You Consume Too Much-and How To Eat Better, Live Longer, and Spend Smarter,* Conari Press, Newburyport (MA), 2013.

[29] Tortillas de pan tradicionales de India. *(N. de la T.).*

[30] D. R. Simon, *Meatonomics* [2013].

[31] D. Wilson, J. Roberts, «Special report: How Washington went soft on childhood obesity», *Reuters,* 27 de abril de 2012.

[32] M. Nestle, *Food Politics,* University of California Press, Berkeley (CA), 2013.

[33] D. R. Simon, *Meatonomics* [2013].

[34] Ch. Leonard, *The Meat Racket* [2014].

[35] *COVID-19 outbreaks in slaughterhouses and meat processing plants: state of affairs and demands for action at EU level, European Federation of Food,* Agriculture and Tourism Trade Unions, Bruselas, 2020.

[36] K. Keiffer, *What's the Matter with Meat?,* Reaktion Books, Londres, 2017.

[37] U. Sinclair, *La giungla,* Gingko Edizioni, Verona, 2011. En castellano, *La jungla,* A. Samons (tr.), J. Cano (rev.), C. de Vicente (pr.), Capitán Swing, Madrid, 2012.

[38] *«At this, I could barely suppress a laugh, given that line workers at the slaughterhouse are regularly suspended or fired for being absent, even when they are sick».*

[39] A. Chapin *et alii,* «Airborne multidrug-resistant bacteria isolated from a concentrated swine feeding operation», *Environmental health perspectives,* 113.2 (2005), pp. 137-142.

[40] A. J. Fitzgerald, L. Kalof, Th. Dietz, «Slaughterhouses and Increased Crime Rates: An Empirical Analysis of the Spillover From "The Jungle" Into the Surrounding Community», *Organization & Environment,* 22.2 (2009), pp. 158-184.

[41] H. Steinfeld *et alii, Livestock's long shadow: Environmental issues and options,* Food & Agriculture Org., Roma, 2006.

[42] B. van der Zee, «2021: a year of climate crisis in review», *The Guardian,* 31 de diciembre de 2021.

[43] «Coldiretti: caldo e maltempo mettono in ginocchio l'agricoltura, danni per 500 milioni di euro», *Il Sole 24 Ore,* 22 de julio de 2012.

[44] *Climate change threatens future of farming in Europe,* Agencia Europea de Medio Ambiente, 4 de septiembre de 2019.

[45] P. Allen, «The facts about food miles», *goodFood,* 6 de marzo de 2024 (en línea).

[46] W. Berry, *Mangiare è un atto agricolo* [2015], V. Perna (tr.), M. Pollan (intr.), Lindau, Turín, 2024.

[47] B. Winders, E. Ransom, *Global Meat* [2019].

[48] M. Pollan, *Il dilemma dell'onnivoro,* Adelphi, Milán, 2014. En castellano, *El dilema del omnívoro. En busca de la comida perfecta* [2017], R. Nagore Ucle (tr.), Debate, Barcelona, 2020.

[49] B. Mizelle, *Pig* [2012].

[50] E. Cody, «Oh, to Be Born in The Year of the Pig Auspicious Cycle in Chinese Calendar Has Hospitals Bracing for a Baby Boom», *The Washington Post,* 1 de marzo de 2007.

[51] Ch. Chemnitz, S. Becheva (eds.), *Meat Atlas* [2021].

[52] M. Schneider, «China's Global Meat Industry» [2019:79-100].

[53] S. Liberti, *I signori del cibo. Viaggio nell'industria alimentare che sta distruggendo il pianeta,* minimum fax, Roma, 2016.

[54] Cfr. https://www.fao.org/faostat/en/#data/TCL (en línea).

[55] S. Liberti, *I signori del cibo* [2016].

[56] D. Shukman, «"Football pitch" of Amazon forest lost every minute», *BBC News,* 2 de julio de 2019.

[57] «Quando la dieta occidentale deforesta l'Asia: il caso gamberetti», *GGalaska*, 11 de mayo de 2021 (en línea).

[58] *Defending Tomorrow,* informe de Global Witness, 29 de julio de 2020.

[59] Citado por H. R. Diner, *Hungering for America: Italian, Irish and Jewish foodways in the age of migration,* Harvard University Press, Cambridge (MA), 2003.

[60] R. Carson, *Primavera silenziosa,* Feltrinelli Editore, Milán, 1999. En castellano, *Primavera silenciosa,* J. Ros (ed. y tr.), Crítica, Barcelona, 2023.

[61] K. Hetherington, *The Government of Beans: Regulating Life in the Age Of Monocrops,* Duke University Press, Durham (NC), 2020.

[62] Ch. Chemnitz, S. Becheva (eds.), *Meat Atlas* [2021].

[63] D. R. Simon, *Meatonomics* [2013].

[64] D. Wallinga, E. Klein, A. Hamilton, «U. S. Livestock Antibiotic Use Is Rising, Medical Use Falls», sitio web del NRDC, 18 de noviembre de 2021 (en línea).

[65] «New report calls for urgent action to avert antimicrobial resistance crisis», sitio web de la Organización Mundial de la Salud, 29 de abril de 2019 (en línea).

[66] «Chicken meat tested for resistance to Critically Important Anti-microbials for Human Medicine», sitio web de Germanwatch (en línea: https://www.germanwatch.org/en/19459).

[67] «Antibiotikaresistente Keime in SchlachthofAbwässern», sitio web de Greenpeace, 13 de mayo de 2021, actualizado el 29 de marzo de 2022 (en línea: https://www.greenpeace.de/ueber-uns/leitbild/investigative-recherche/antibiotikaresistente-keime-schlachthof-abwaessern).

[68] Cfr., en línea, el sitio web de Global Agriculture (https://www.globalagriculture.org/) y la base de datos de la Organización para la Cooperación y el Desarrollo Económico (https://www.oecd.org/en/data.html).

[69] G. Laganda, «2021 is going to be a bad year for world hunger», sitio web de Naciones Unidas, 22 de abril de 2021 (en línea: https://www.un.org/en/food-systems-summit/news/2021-going-be-bad-year-world-hunger).

[70] D. R. Simon, *Meatonomics* [2013].

[71] A. Vigna, «Brazil is facing the return of hunger», *Le Monde,* 9 de junio de 2022.

[72] J. Berger, *Perché guardiamo gli animali?*, il Saggiatore, Milán, 2016. En castellano, *Por qué miramos a los animales*, P. Vázquez y A. Gragera (trs.), Alfaguara, Barcelona, 2023.

[73] H. Ritchie, P. Rosado, M. Roser, «Breakdown of carbon dioxide, methane and nitrous oxide emissions by sector», *Our World in Data*, junio de 2020, revisado en enero de 2024 (en línea: https://ourworldindata.org/emissions-by-sector).

[74] Ch. Chemnitz, S. Becheva (eds.), *Meat Atlas* [2021].

[75] H. C. J. Godfray *et alii*, «Meat consumption, health, and the environment», *Science*, 361.6399 (2018).

[76] *OECD/FAO Agricultural Outlook 2021-2030*, OECD Publishing, París, 2021 (en línea).

[77] Cfr. sitio web de *Cowspiracy* (en línea: https://www.cowspiracy.com/facts).

[78] J. S. Foer, *Eating Animals*, Penguin, Londres, 2010. En castellano, *Comer animales*, T. Hill Gumbao (tr.), Seix Barral, Barcelona, 2011.

[79] Ch. Smallwood, «Cow Dung Goes High Design», *The New York Times*, 29 de agosto de 2016.

[80] Cfr. sitio web de la US EPA (en línea: https://nepis.epa.gov/).

[81] *Compendium voor de Leefomgeving*, 4 de julio de 2016 (cfr., en línea: https://www.clo.nl/).

[82] D. Cox, «The planet's prodigious poo problem», *The Guardian*, 25 de marzo de 2019.

[83] S. Sneeringer, «Does animal feeding operation pollution hurt public health? A national longitudinal study of health externalities identified by geographic shifts in livestock production», *American Journal of Agricultural Economics*, 91.1 (2009), pp. 124-137.

[84] D. Saurí, H. March, «Can't Go to the Fountain no More», en J. Emel, H. Neo. (eds.), *Political Ecologies of Meat*, Routledge, Londres, 2015.

[85] *«You know, I know this steak doesn't exist. I know that when I put it in my mouth; the Matrix is telling my brain that it is juicy, and delicious. After nine years, you know what I realize? Ignorance is bliss».*

[86] T. Pachirat, *Every Twelve Seconds: Industrialized Slaughter and the Politics of Sight*, Yale University Press, New Haven (CT), 2011.

[87] K. Bjørkdahl, K. Lykke, «From ritual loss of life to loss of living rituals: on judicialization of slaughter and denial of animal death», *Food, Culture & Society*, 1.16 (2022).

[88] Z. Bauman, *Modernità e olocausto*, il Mulino, Bolonia, 1989, pp. 28-34. En castellano, *Modernidad y holocausto*, A. Mendoza y F. Ochoa de Michelena (trs.), Sequitur, Madrid, 1997[10].

[89] H. Arendt, *La banalità del male. Eichmann a Gerusalemme*, Feltrinelli, Milán, 2001. En castellano, *Eichmann en Jerusalén. Un estudio sobre la banalidad del mal*, C. Ribalta (tr.), Debolsillo, Barcelona, 2006.

[90] T. Grandin, «Behavior of slaughter plant and auction employees toward the animals», *Anthrozoös,* 1.4 (1988), pp. 205-213.

[91] K. Olsson, «The Shame of Meatpacking. Workers in the country's most dangerous industry are struggling for safety», *The Nation,* 29 de agosto de 2022.

[92] U. Sinclair, *La giungla* [2011].

[93] L. Held, «How Four Years of Trump Reshaped Food and Farming», *Civil Eats,* 2 de noviembre de 2020.

[94] A. Kimbrell, *Cold Evil: Technology and Modern Ethics,* Twentieth Annual E.F. Schumacher Lecture, New Economics Institute, Salisbury (CT), 2004.

[95] C. J. Adams, *The Sexual Politics of Meat: A Feminist-vegetarian Critical Theory*, Bloomsbury Publishing, Nueva York, 2015. En castellano, *La política sexual de la carne. Una teoría crítica feminista vegetariana,* ochodoscuatro ediciones, Madrid, 2016.

[96] G. Gaard, «14 Critical Ecofeminism: Interrogating "Meat", "Species" and "Plant"», en A. Potts (ed.), *Meat Culture,* Brill («Human-Animal Studies», 17), Leiden-Boston, 2016, pp. 264-287.

[97] M. Joy, *Why We Love Dogs, Eat Pigs, and Wear Cows: An Introduction to Carnism,* Red Wheel, Newburyport (MA), 2020.

[98] L. Wittgenstein, *Tractatus logico-philosophicus,* Routledge, Londres, 2013. En castellano, L. M. Valdés Villanueva (intr. y tr.), Tecnos, Madrid, 2017[5]; o J. Muñoz e I. Reguera (intr. y tr.), Alianza Editorial, Madrid, 2012[10].

[99] N. Taylor, J. McKenzie, «3 Rotten to the Bone: Discourses of Contamination and Purity in the European Horsemeat Scandal», en A. Potts (ed.), *Meat Culture* [2016:54-72].

[100] E. Lévinas, *Totalità e infinito. Saggio sull'esteriorità,* Jaca Book, Milán, 1986, p. 65. En castellano, *Totalidad e infinito. Ensayo sobre la exterioridad,* M. García-Baró (ed. y tr.), Ediciones Sígueme, Salamanca, 2012[5], la cita en p. 67.

[101] Department for Environment, Food & Rural Affairs, R. Benyon, Z. Goldsmith, «Lobsters, octopus and crabs recognised as sentient beings; Amendment to Animal Welfare (Sentience) Bill following LSE report on decapod and cephalopod sentience», sitio web del Gobierno británico, 19 de noviembre de 2021 (en línea: https://www.gov.uk/government/news/lobsters-octopus-and-crabs-recognised-as-sentient-beings).

[102] J. L. Corning, *Brain Exhaustion, with some preliminary considerations on Cerebral Dynamics,* D. Appleton and Company, 1884. Original: *«Thus flesheating nations have ever been more aggressive than those peoples whose diet is largely vegetable. The effeminate rice eaters of India and China have again and again yielded to the superior moral courage of an infinitely smaller number of meateating Englishmen* [...] *But by far the most wonderful instance of the intelectual vigor of flesheating men is the unbroken triumph of the AngloSaxon race. Reared on an island of comparatively slight extent, these carnivorous men have gone forth and extended their empire throughout*

the world». Véase también V. Stănescu, «5 The Whopper Virgins: Hamburgers, Gender, and Xenophobia in Burger King's Hamburger Advertising», en A. Potts (ed.), *Meat Culture* [2016:90-108].

[103] J. Derrida, *L'animale che dunque sono,* Jaca Book, Milán, 2006. En castellano, *El animal que luego estoy si(gui)endo,* M.-L. Mallet (ed.), C. de Peretti y C. Rodríguez Marciel (trs.), Trotta, Madrid, 2008.

[104] D. B. Gewertz, F. K. Errington, *Cheap Meat: Flap Food Nations in the Pacific Islands,* University of California Press, Berkeley (ca), 2010.

[105] M. McConnell, «us Immigration Raids Target Meat Industry. Massive Crackdown Highlights Need for Better Protection of Workers», sitio web de Human Rights Watch, 8 de agosto de 2019 (en línea: https://www.hrw.org/news/2019/08/08/us-immigration-raids-target-meat-industry).

[106] W. Churchill, «Fifty years hence», en *Thoughts and Adventures,* Thornton Butterworth Publisher, Londres, 1932, pp. 24-27. En castellano, *Pensamientos y aventuras,* P. Fraga de Porto (tr.), Agustín Núñez, Barcelona, 1943, traducción reeditada más tarde en varias ocasiones bien por separado, bien junto con otras *Obras escogidas* del autor o bien conjuntamente con *Alteza real* de Th. Mann y *Viaje a Oriente* de H. Hesse.

[107] D. J. McClements, *Future Foods. How Modern Science Is Transforming the Way We Eat,* Springer, Nueva York, 2019.

[108] N. Ahuja *et alii, Messy Eating: Conversations on Animals as Food,* Fordham University Press, Nueva York, 2019.

[109] A. Potts, *Chicken* [2012].

[110] Ch. Chemnitz, S. Becheva (eds.), *Meat Atlas* [2021].

[111] S. Taylor, *Beasts of Burden: Animal and Disability Liberation,* The New Press, Nueva York, 2017.

[112] G. A. Eisnitz, *Slaughterhouse: The Shocking Story of Greed, Neglect, and Inhumane Treatment Inside the us Meat Industry,* Prometheus Books, Nueva York, 2009.

[113] N. Ahuja *et alii, Messy Eating* [2019].

[114] L. Holloway, «Biopower and the ecology of genes: Seeing livestock as meat via genetics», en J. Emel, H. Neo. (eds.), *Political ecologies of meat* [2015:178-194].

[115] K. M. van Mensvoort, H. J. Grievink, *The In Vitro Meat Cookbook,* Laurence King Publishing, Londres, 2014.

[116] R. J. F. Burton, «The potential impact of synthetic animal protein on livestock production: The new "war against agriculture"?», *Journal of Rural Studies,* 68 (2019), pp. 33-45.

[117] K. S. Montford, Ch. Taylor, «Beyond edibility: Towards a nonspeciesist, decolonial food ontology», en Id. (eds.), *Colonialism and Animality. Anti-Colonial Perspectives in Critical Animal Studies,* Routledge, Londres, 2020, pp. 129-156.

[118] J. B. S. Haldane, *Daedalus, or Science & the Future: A paper read to the Heretics,* Cambridge, 1923.

[119] P. Shapiro, *Clean Meat: How Growing Meat Without Animals Will Revolutionize Dinner and the World,* Simon and Schuster, Nueva York, 2018.

[120] Plinio el Viejo, *Storia naturale,* G. B. Conte (ed.), Einaudi, Turín, 1982. Para la *Historia natural* en castellano, cfr. la edición de J. Cantó *et alii,* Cátedra, Madrid, 2002, y la edición en cinco volúmenes de Gredos (bcg, 206, 250, 308, 388, 419), Madrid, 1995-2020.

[121] B. A. Wurgaft, *Meat planet: Artificial flesh and the future of food,* University of California Press (California Studies in Food and Culture, 69), Berkeley (ca), 2020.

[122] C. J. Adams, *The Sexual Politics of Meat* [2015].

[123] P. B. Shelley, *A Vindication of Natural Diet,* Good Press, Glasgow, 2021.

[124] J. Piazza, «Rationalizing meat consumption. The 4ns», *Appetite,* 91 (2015), pp. 114-128.

[125] N. Fiddes, *Meat: A Natural Symbol,* Routledge, Londres, 2004.

[126] M. Horkheimer, *Eclipse of Reason,* Bloomsbury Publishing, Londres, 1974, vol. 1. Original: *«The subjugation of nature will revert to the subjugation of man, and* vice versa, *as long as man does not understand his own reason and the basic process by which he has created and is maintaining the antagonism that is about to destroy him».* En castellano, *Crítica de la razón instrumental,* J. Muñoz (tr.), J. J. Sánchez (pr.), Trotta, Madrid, 2010.

[127] N. Perullo, «When to Eat Meat? Toward a Diet of Caring», en *Semiotics of Animals in Culture,* Springer, Nueva York, 2018, pp. 21-32.

[128] A. Schupak, «Climatefriendly diets can make a huge difference – even if you don't go all-out vegan», *The Guardian,* 4 de junio de 2022.

[129] E. Holt-Giménez, *A Foodie Guide to Capitalism,* Monthly Review Press, Nueva York, 2017.

[130] A. L. Tsing, *The Mushroom at the End of the World. The Possibility of Living in the Ruins of Capitalism,* Princeton University Press, Princeton-Oxford, 2015.

[131] Forma coloquial para referirse a un hermano mayor en bengalí, la lengua más común en Calcuta.

[132] Forma coloquial para referirse a una hermana menor en bengalí.

Índice

Capitalismo carnívoro

«E il naufragar m'è dolce in questo mare»